ABBÉ J. VAVASSEUR

CONTILLY SEIGNEURIAL

MAMERS

IMPRIMERIE FLEURY

1911

CONTILLY SEIGNEURIAL

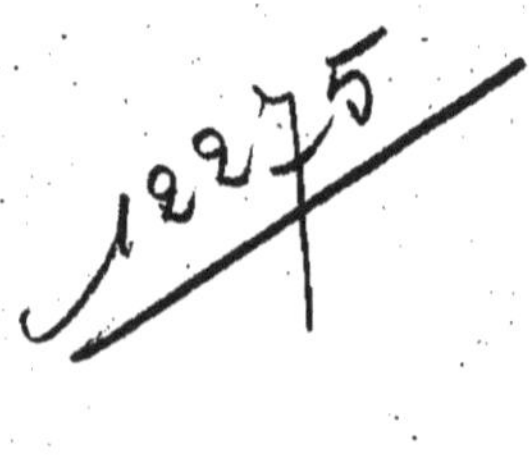

ABBÉ J. VAVASSEUR

CONTILLY SEIGNEURIAL

MAMERS

IMPRIMERIE FLEURY

1911

Extrait de la Revue historique et archéologique du Maine.
Tome LXIX, 1911.

CONTILLY SEIGNEURIAL

Contilly (1), jusqu'à ce jour, n'est guère connu dans l'histoire féodale que grâce à ses *Buttes de la Nue*, théâtre des luttes acharnées que se livrèrent les seigneurs de Bellême et les comtes du Maine, adversaires redoutables, tour à tour et pendant si longtemps vaincus ou triomphants.

Frébourg, qui avoisine ces Buttes, eut encore la bonne fortune d'abriter le chroniqueur qui fit revivre son passé.

Mais ce qui a été écrit concernant l'antique manoir et le vieux camp, était loin de constituer l'ensemble des souvenirs qui se rattachent à une localité couverte autrefois de gentilhommières, dont le seul charme à présent naît de ses profonds vallonnements, de ses horizons à perte de vue, de la fécondité de son sol où, trèfles et sainfoins, sous les feux de l'été, marient agréablement le carmin de leurs fleurs avec l'or des épis et l'émeraude des prairies.

C'est pourquoi, excité par l'attrait de nouvelles découvertes, avons-nous voulu profiter d'un court séjour à Contilly, pour nous engager dans la voie frayée par le vénérable M. de Fromont et l'historien de talent qu'est M. Gabriel Fleury.

Pénible a souvent été notre marche, car, presque partout, le temps, implacable destructeur, avait arraché les

(1) *Contilly*, commune de 307 habitants, du canton et à six kilomètres, au nord, de Mamers.

jalonnements. Là où s'élevaient les fières murailles, le laboureur avait creusé son sillon. La mort, à son tour, jalouse de l'œuvre des siècles, avait couché dans la tombe les derniers témoins ou héros des actions que nous désirions faire revivre. Notre excursion, malgré tout, n'a peut-être pas été sans profit. Et si le récit qui s'ensuit ne démentait point notre conviction, nous serions largement récompensé de nos efforts.

FRÉBOURG

Le château de Frébourg, situé près de la lisière de la forêt domaniale de Perseigne, a pu être, à son origine, une forteresse de certaine importance.

Se faisant l'écho d'une vieille tradition, Pesche rapporte qu'il devrait sa construction à un chef de tribu saxonne, refoulée d'Angers, vers la fin du Ve siècle (1). Il ajoute que, primitivement, il se nommait *Frey-Bourg*, c'est-à-dire *château libre ;* et sans en fournir de preuve, affirme qu'en 1312, on éleva sur les ruines de l'ancien édifice le manoir disparu il y a quelques vingt ans (2), habitation modeste, comprenant « un corps de bâtiment composé d'une cuisine, deux « salles, deux cabinets, dont un à feu, quatre chambres à feu, « une écurie, une remise, une étable et un poulailler, un « pressoir, une cour, un jardin d'une contenance d'environ « deux jours un quart, avec vingt arpents de bois » (3).

Les deux tours dont elle était flanquée avaient été percées

(1) Pareille tradition existe pour le château de Saosnes. Cf. *Recherches sur les fortifications de l'arr. de Mamers*, par M. G. Fleury, p. 53.

(2) Pesche, *Diction.*, à l'art. consacré à Contilly.

(3) D'après une estimation des biens de la commune, dressée vers 1800, le Logis de Frébourg était évalué à 108 livres, et les bois qui en dépendaient pouvaient rapporter 250 livres par an. (Arch. mun.)

de meurtrières, à l'époque des guerres de religion (1). Dans l'une de ces tours était une chapelle dédiée à saint Hubert (2).

I.

ODON DE FRÉBOURG, non signalé par M. de Fromont (3), fait don, en 1195, de deux septiers de blé, de rente annuelle et perpétuelle, à la Maison-Dieu de Mortagne, qui avait été réduite en cendres, dans l'incendie de la ville, et venait d'être reconstruite par Geoffroy, comte du Perche (4).

II.

Le vendredi après la Saint-André, apôtre, de l'an 1321, ROBIN DE FRÉBOURG, seigneur du lieu, conclut avec Jehan, seigneur de la Gastine, un accord aux termes duquel il s'engage à lui remettre 22 livres tournois pour fermage, 5 sols et 5 boisseaux de mouture, « pour raison du service, « lequel Huet Le Gros avoit mis sur sa terre », avec 9 deniers de rente assise sur un pré. De son côté, Jehan promet de lui céder 5 s. 4 d. de rente « d'une voy et marnière ». Il en résulte que « lun ne peult rien demander à laultre de « nulle forfeture, ne de queille peine commise, ne de nulle « iniure de tout le temps passé ».

(1) *Recherches sur les fortifications de l'arr. de Mamers*, p. 77.

(2) Si l'on en croit l'auteur du *Dictionnaire*, on conservait précieusement en cette chapelle une clef dite *Clef de saint Hubert*, dont la simple application suffisait pour guérir de la rage.

(3) M. Paul de Fromont qui nous a gracieusement communiqué son dossier, est l'auteur de la généalogie des de Frébourg, ajoutée au *Cartulaire de Perseigne*. Nous engageons le lecteur à consulter ce travail, où nous aurons souvent l'occasion de puiser, et dont notre étude n'est que le complément.

(4) *Recueil des antiquitez du Perche*, par Bart des Boulais, publié par M. H. Tournouër. — *Documents sur la province du Perche*, 5e fasc., p. 157.

III.

Le mardi 3 juillet 1373, jour de saint Laurent, ANDRÉ DE FRÉBOURG, fils de Robin, fait bail, moyennant 24 sols par an, à Roulet Le Mariochon, de *Belvaer* (1), du champ de la Planche, joignant « l'Aumosne de Contillé, abouttant « d'ung bout sur le ruissel de l'entonnouer de Broudet et « le champ de la Maladrie. »

Il eut quatre fils de son mariage avec *Perone :*

1° *Jehan*, qui suit.

2° *Robert* ; 3° *Thierry* ; 4° *Estienne*, tous trois tués devant Poitiers en 1356 et inhumés au couvent des Cordeliers de cette ville (2).

IV.

JEHAN DE FRÉBOURG « estoit en son temps un notable « escuier, grandement hérité de trois à quatre cens livres « de rentes, et entre autres heritaiges estoit seigneur du « lieu de Fresbourc où anciennement souloit avoir très « beau merc de maison merchie en tous cas maison comme « de gentilhomme, ...tout son temps vesquy noblement, « poursuyt les guerres et finy ses jours » en compagnie de ses frères, au combat de Maupertuis.

Sa femme, nommée *Jehanne*, le rendit père de Laurent-André.

V.

LAURENT-ANDRÉ DE FRÉBOURG, écuyer, reçoit aveu, le 20 juin 1409, de Guillot Le Rebus, pour une maison relevant de sa seigneurie à foi et hommage simple. « Il servyt

(1) *Beauvoir*, com. du cant. de La Fresnaye.

(2) Cf. les *Annales d'Aquitaine*, imprimées à Poitiers, par les frères Boucher.

« le Roy au fait de ses guerres et fut à plusieurs journées « et entreprinses sur les ennemys du Roy et du Royaume, « et mesmes fut à la guerre de Flandres, à la journée « d'Egyencourt, (Azincourt, 1415), à celle de Sainct Cloust « et à celle quit fut à Sainct Remy du Plain et a plusieurs « autres, monté et abillé comme ung gentilhomme povoit « et devoit estre. »

M..... des Roches, sa femme, lui donna trois enfants :

1° *Pierre*, envoyé par Ambroise de Loré à la tête d'une compagnie, pour combattre l'Anglais en Normandie ; tué à la guerre vers 1432.

2° *Laurent*, qui suit.

3° *Jehanne*, épouse de Jehan Ligeard, seigneur de la Ligeardière, à Pervenchères. Dans le partage des biens de ses défunts parents, fait le 2 juillet 1464, devant Duchesne, notaire en cour de Sonnois, elle obtint pour tout héritage la métairie de Gouffard (1), quelques terres détachées, deux parties de rente sur les héritiers de feu Raoullin Le Mariochon, une autre rente de 2 s. 6 d. à recevoir de Denis Suhard et celle de 2 s. 6 d. hypothéquée sur les biens de défunt Sainton Plantart.

VI.

Laurent de Frébourg, écuyer, contracta alliance avec *Michelle Carel*, fille de Jehan Carel, écuyer, sieur de Lespinay, et de Jacquette de Courboullain, et sœur de Jehan Carel, écuyer, sieur de Lespinay et de la Turpinière, qui s'engage, le 28 octobre 1461, à lui servir à perpétuité, une rente de 10 l. 10 s. tournois, prélevée en partie sur les lieux de la Turpinière et du Riday, en considération de sa renonciation à l'héritage de leurs défunts parents (2).

(1) Ferme en Saint-Longis.

(2) Cet acte, passé devant Duchesne, est signé de Richart de Saint-Loup, seigneur de Saint-Loup, à Louzes.

Le 4 janvier 1457, le seigneur de Frébourg rend aveu à Guillaume de Barville, pour terres relevant de la Gastine, chargées de 19 sols et deux gallines de redevance féodale.

Une sentence rendue au Mans, le 18 juillet de la même année, lui donne gain de cause, dans un procès à lui intenté par Jehan Roussel, collecteur des tailles de Contilly, qui l'avait inscrit pour 7 s. 6 d. sur ses rôles, en invoquant qu'il possédait « d'ancienneté un très beau fourneau . . . . ., « que continuellement et de jour en jour il se mesloit et « entremetoit de faire et vendre chaux à tous ceulx qui « besoing en avoient », et qu'il ne pouvait prétendre à la noblesse, dès lors qu'il s'était abstenu de prendre part aux guerres récentes, pour lesquelles tous les gentilshommes manceaux avaient été convoqués.

Le 12 janvier 1458, il rend une déclaration pour son château, à Jehan Perrot, seigneur de Pescoux, à cause de Isabeau Morel, son épouse ; et le 21 février 1486, lui et sa femme abandonnent leurs biens à leur fils aîné, qui se chargeait, en retour, « de les nourrir et alimenter, et leur « bailler et administrer toutes choses nécessaires selon leur « estat, et à laffin de leurs jours, les faire ensevelir et ensé- « pulturer en lieu saint, et faire leur obit et funérailles, « ainsy qu'au cas appartient ».

De leur union sont nés cinq enfants :

1° *Robert*, dont nous parlerons au n° VII.

2° *Thierry*, prieur de Saint-Éloi, à Mortagne.

3° *André*, qui, le 20 avril 1494, devant Perrier, notaire en cour de Sonnois, acquiert pour 60 l. tournois, 10 s. de rente, assise sur la propriété de Jean Louenard, de Contilly.

4° *Pierre*, écuyer. Il embrassa la carrière sacerdotale et rendit aveu à Charles Perrot, châtelain de Pescoux, le 17 juin 1474.

5° *Jehanne*, qui épousa Patry de Moré, écuyer. Ils partagent leurs biens entre leurs enfants, le 18 mai 1496 (1) ; et le 12 décembre 1503, vendent pour 9 l. tournois, au seigneur des Jonchères, un champ situé en Contilly, proche « l'au- « mosne aux moines de Saint-Aubin ».

VII.

Robert de Frébourg, écuyer, se marie par contrat (2) passé devant Bourneuf, le 7 juillet 1477, avec *Guillemine Boucher*, fille aînée de Jehan Boucher, écuyer, seigneur de la Persillière, à Sarcé (3), dont l'apport n'était que de 150 l. Le 13 avril 1480, il transige avec Jacques de Mondoucet, écuyer, fils de Robine de Mondoucet, pour versement d'une somme de 15 s. tournois, montant d'un bail ; et le 2 avril 1491, il fait échange de terrain avec Pierre Thierry, de Contilly. Une sentence du juge du Maine, rendue le 7 février 1498, l'oblige à payer 25 l. à Jehan de Barville, seigneur de la Gastine, pour fermage, pendant un an, des bois et herbages de Chanceaux ; et le 20 novembre suivant, il acquiert de Jehan Boullemer, de La Fresnaye, au prix de 9 l. tournois, le champ situé dans l'angle formé par les chemins des Buttes à Mamers, et de Contilly à Saint-Rémy-du-Plain.

Robert de Frébourg eut trois enfants :

1° *Antoinette*, l'aînée, mariée en 1507 à Simon Le Forestier, écuyer.

2° *Anne*, unie en premières noces à Estienne Boysel du Brillard, sieur de Launay, le 16 janvier 1503, date à laquelle elle achète de la veuve Pierre Delange, le champ

(1) Ce partage est signé de noble Jehan Paris.

(2) Ce contrat fut ratifié le 22 septembre 1477, en présence de Jehan de la Jouyère, seigneur de Beaurepaire, curé de Barville, de Martin de Barville, prêtre, écuyer, et de Pierre Boucher, écuyer, seigneur de la Picquerie.

(3) *Sarcé*, com. du cant. de Mayet.

du Maucrosnier, sur le chemin tendant de Frébourg à Saint-Loup ; et en secondes, à noble Phelippes Duchesne, dont elle était veuve au 30 avril 1536.

3° *Pierre*, dont l'article suit.

VIII.

PIERRE DE FRÉBOURG, écuyer, bachelier ès-lois, contracte alliance, le 22 juillet 1520, devant Me Paul Pellier, avec *Marguerite de Charron,* fille de Noël de Charron, écuyer, seigneur de la Hayère, et de Alaine de Varsé. Il vivait encore au 20 juin 1534 et fut père de deux garçons et trois filles, qui sont :

1° *Joseph*, qui fera l'objet de l'art. IX.

2° *Alexis*, fondateur de la branche de la Houdairie, dont nous parlerons dans un appendice à cette généalogie.

3° *Renée*, mariée à Pierre du Breil, seigneur d'Orville.

4° *Marie*, dont nous ignorons la destinée.

5° *Hélène*, épouse de Julien Poulain, seigneur du Sauçay.

IX.

JOSEPH DE FRÉBOURG, écuyer, seigneur du lieu, licencié ès-lois, se marie, par contrat du 26 juillet 1559, devant Cuinière, avec *Catherine Brisard,* fille de Guillaume Brisard, écuyer, lieutenant général de Sonnois et Peray, qui devait lui transmettre sa charge. En 1567, il achète le fief du Huon, en Contilly, des héritiers de feu messire Jehan Raimbourg, seigneur de ce lieu (1) ; et le 28 juillet de l'année suivante, il prend à ferme, de frère Urbain Belhomme, prieur du prieuré conventuel de Notre-Dame de

(1) *Cartulaire de Perseigne*, en note, p. 214.

Mamers, trois arpents de terre sis à Suré (Orne), moyennant 20 sols par an (1).

Joseph de Frébourg et Catherine Brisard morts avant le 22 novembre 1601, eurent six enfants de leur union :

1° *Catherine*, tenue sur les fonts du baptême en l'église Notre-Dame, à Mamers, le 5 juillet 1572, par Julien Brisard, Marguerite et Catherine de Frébourg (2).

2° *Espérance*, baptisée en la même église, le 15 juillet 1573. Son parrain fut Pierre de Grougnault, écuyer ; et lui tinrent lieu de marraines, demoiselles Catherine Virlouvet et Roberde Herson (3).

3° *Jehan*, dont l'article suit.

4° *Anne*, épouse de Charles de Vaffray, écuyer, seigneur de Montguillon.

5° *Rachel*, mariée à Léonard Pinson, écuyer, seigneur de la Meslière.

6° *Marie*, morte sans alliance, après avoir fait don de 7 l. 10 s. de rente perpétuelle au profit de la Confrairie du Rosaire, en l'église de Contilly.

X.

Jehan de Frébourg, écuyer, seigneur de Frébourg et du Huon, baptisé en l'église N.-D. de Mamers le 24 février 1578 (4), épouse, par contrat du 22 novembre 1601, passé en l'étude de Laurent Gaultier, notaire aux Aulneaux, *Marguerite de Barville*, fille des défunts François de Bar-

(1) L'acte passé en l'étude de Me Pierre Beaulté, garde des sceaux de la châtellenie de La Perrière, porte encore la signature de frère Thomas Humbert, religieux au même couvent.

(2) Etat civil de Mamers.

(3) Etat civil de Mamers.

(4) Il eut comme parrains nobles Jean Davoust et Marin Brisard, sieur de Champflory, et pour marraine dlle Anne Le Feuvre. (Etat civil de Mamers.)

ville, écuyer, seigneur du lieu et de la Gastine et Marthe du Fay (1).

Le 20 janvier 1615, il partage le Grand-Parc, à Perven-chères, avec Gallois de Barville, son beau-frère, qui eut pour sa part les deux tiers ; et le 31 juillet suivant, en vertu d'un nouveau partage fait entre eux, des métairies de la Gastine, la Feillardière, l'Aistre-d'Argent et Beauvais, il entre en possession de ce dernier lieu, des terres échangées avec le sieur de Herser, de la pièce des Boivinières, à Con-tilly, du clos de la Pimorière, etc... Ce domaine se trouva agrandi le 16 février 1623, par l'acquisition de la Cottinerais, que lui céda pour 1900 livres, demoiselle Nicole de Marcon-ville, épouse de Henri de Bailleul, seigneur de Perray, en Moulicent et du Defay (2).

Jehan de Frébourg est encore cité dans un acte du 7 décembre 1631, mais sa femme et lui ne vivaient plus au 22 octobre 1639.

De leur mariage étaient nés :

1° *Jean*, provincial de l'ordre des Capucins, sous l'appel-lation de Père Ange de Mamers, mort avant le 22 octobre 1639.

2° *Denis*, dont nous allons maintenant parler.

XI.

Denis Ier de Frébourg, écuyer, seigneur de Frébourg, du Huon, du Grand-Parc et autres lieux, signe son contrat

(1) Ont signé au contrat, pour la future : Gallois de Barville, écuyer, seigneur de Barville, la Gastine, les Aulneaux et Chanceaux, son frère aîné ; François de Barville, écuyer, sieur de la Lande et de la Lambonnière, son frère puiné ; Pierre du Fay, écuyer, seigneur de Saint-Denys, bailli du Perche, Galleron du Fay, écuyer, sieur des Aulnays, François de Bercher et Marin Brisard, écuyer, sieur de Chanlarge, ses oncles.

(2) Minutes de Me Mathurin Odillard, notaire à Mamers, conservées en l'étude de Me Foulard.

de mariage, le 22 octobre 1639, devant Jean Lavye et Jacques Guérin, notaires en la châtellenie de Bellême, avec *Jacqueline du Hameau*, fille des défunts Jean du Hameau, seigneur de Forbonnais et Baigneux, à Champaissant, de la Hiérosmerie, à Saint-Ouen-de-la-Cour, de Liangé et de la Motte, à Igé, et de l'Hébergière, conseiller du roi, élu en l'élection du Perche, et de Catherine Brisard, dame de l'Irondelle et de Marguerin (1).

Le 4 janvier 1652, il donne à perpétuité 30 l. tournois de rente, pour aider à la fondation de l'association du Rosaire, à Contilly (2). Le 2 décembre 1670, il signe, au profit de Marie de Thibodard, femme de Louis Danyeux, chevalier, une nouvelle reconnaissance d'une rente de 3 l. assise sur la métairie de Buré, à Saint-Ouen-de-la-Cour (3) ; puis, en 1674, il comparaît au ban et arrière-ban de la sénéchaussée du Maine, et se voit imposé pour 80 livres, bien qu'ayant déclaré n'avoir aucun héritage, puisqu'il s'était démis de tous ses biens au profit de son fils aîné, sous réserve d'une pension viagère de 1000 l.

Jacqueline du Hameau qui fut marraine d'une cloche à Champaissant en 1646 (4), lui donna cinq enfants :

1° *Anne-Geneviève,* mariée par contrat du 18 septembre

(1) Ont signé au contrat, pour le futur : Etienne Lhermitte, écuyer, sieur de Saint-Denis, son cousin du côté maternel ; René Le Ruffré, écuyer, sieur du Maurocher, et Jacques de Grougnault, écuyer, sieur de la Chicaudière, ses cousins en lignée paternelle ; Pierre Le Ruffré, écuyer, sieur du Gué-Lorent, à Suré, etc. ; pour la future : Me Gilles Brisart, conseiller du roi, lieutenant-général civil et criminel au bailliage du Perche, son oncle ; Jacqueline Brisart, sa tante, veuve de Jean du Val, écuyer, sieur de Thiville, lieutenant au même bailliage ; Marguerite Brisart, aussi sa tante, femme de noble Pierre Michelet, sieur de la Chevalerie, avocat en parlement, mère de Marguerite et Jacqueline Michelet : Jean du Val, écuyer, sieur de la Vaudoirie, avocat, son cousin-germain, et Me Etienne Foussard, sieur des Barres, conseiller du roi, lieutenant particulier en la vicomté du Perche, son cousin du côté maternel.

(2) Archives paroissiales.

(3) *Saint-Ouen-de-la-Cour*, com. du cant. de Bellême.

(4) Cf. mon étude sur *Champaissant*, pp. 33 et 34.

1661, devant Guillaume Luce et Julien Liger, notaires à Mamers, avec Nicolas du Mesnil, chevalier, seigneur du Moland, paroissien d'Assé-le-Boisne. Après la mort de celui-ci arrivée le 8 avril 1667, des contestations relatives à sa succession ne tardèrent pas à s'élever entre sa veuve, qui s'était retirée à Frébourg, et Jacques du Mesnil, chevalier, seigneur du lieu à Assé, qui voulait la contraindre à rapporter les 300 l. qu'elle avait au jour du décès, « deux « bourses de velours, chascune garnie de cent jettons d'ar- « geant, une escharpe de taffetas noir, garnie de crespine « d'argeant, qui faisoient partie des meubles du défunt », avec une somme de 1000 l. confiée à Me Mathurin Le Conte, tabellion d'Alençon ; alors que de son côté, Anne de Frébourg exigeait la restitution de sa dot montant à 21.000 livres, la fixation de son douaire à 800 liv., « une chambre « garnie, suivant sa condition, les abits de dueil de damoi- « selle, un cocher, un laquest, une servante, la pareure « de drap noir de son carosse, dedans et dehors, couverture « des chevaux et de l'attelage, avec une chambre de dueil « et un logement convenable à sa condition. » Comme les parties ne paraissaient vouloir céder, « un long procès « estoit prêt à mouvoir », mais Jean du Val, sieur de Thiville, président et lieutenant général du Perche à Bellême, Jacques de Frébourg, écuyer, sieur de la Chicaudière, Me Arnould Pillon, avocat au siège présidial du Mans s'interposèrent, le 16 juillet 1667, et furent assez heureux pour faire consentir le sieur du Mesnil à rembourser la dot avec intérêts, payer le douaire, fournir la chambre de deuil, et Anne-Geneviève, à rapporter 600 l. dans la succession.

Celle-ci convola en secondes noces avec Guy Achard (1),

(1) Guy Achard avait pour frère Alexis, chevalier, seigneur du Parc. Une branche de cette famille s'établit, dans la seconde moitié du XVIIIe siècle, à Chassé. André-François Achard, seigneur de Valencour, fut curé de cette paroisse et y mourut le 21 prairial an VI. (Etat civil de Chassé.)

chevalier, seigneur de Bonvouloir, en Normandie, contre le gré de ses parents, et « après qu'elle se seroit retirée de leur maison. » Ils s'en montrèrent très affectés, et menacèrent même de la déposséder entièrement. A cause cependant de « l'extrême affection qu'ils luy portaient », ils abandonnèrent ce projet ; mais le 26 mai 1669, ils n'en réduisirent pas moins à la somme de 4.000 l., celle de 11.000 l. qu'ils lui avaient promise, en plus de sa dot, lors de son premier mariage.

2° *Marguerite*, épouse de René de Rieux, écuyer, seigneur de la Roche-de-Rieux, garde du corps du roi, fils de René de Rieux, écuyer, et de Anne Jousset, de Roullée. Elle teste une première fois, devant François Lemère, notaire à Blèves, le 15 août 1683, déclarant qu'après sa mort, ses biens iraient à son mari (1). Mais, pour lui faire expier sans doute ses infidélités (2), elle annule ses précédentes dispositions devant Me Marin Besnard, notaire à Roullée, le 1er février 1697, ne lui laisse cette fois que ses meubles et donne à Denis, son frère, la métairie de la Foucherie. Deux jours plus tard avait lieu son inhumation en l'église de Roullée (3).

3° *Jacquine.*

4° *Denis*, IIe du nom, dont l'article suit.

5° *Léonore-Marie*, et non pas *Marie-Léonarde*, comme la désigne M. de Fromont, demoiselle de la Lande (4), en Pervenchères, née et ondoyée à Frébourg le 21 août 1650 (5). En mars 1698, elle rend aveu à Jacques de Klasten, écuyer, sieur de la Giroudière et de Montécouplard, à Perven-

(1) Les minutes des notaires de Blèves sont conservées en l'étude de La Fresnaye.

(2) Le seigneur de la Roche-de-Rieux, avait légitimé un garçon du nom de René. (Etat civil de Roullée.)

(3) Etat civil de Roullée.

(4) Le bailli de la Lande était à cette époque Me Jacques Michellet, sieur de Boisauvais, licencié en droit, avocat aux sièges de Bellême.

(5) Etat civil de Contilly.

chères, à cause de Siméonne Le Febvre, son épouse (1), Le 6 août 1706, elle reçoit une déclaration de Jacob de Semallé, sieur de Belair, pour son fief de la Rouche, à Montgaudry.

XII.

Denis II de Frébourg, chevalier, seigneur de Frébourg, du Huon, de la Foucherie (2), la Lande et autres lieux, naquit en l'année 1643, et passa ses premières années au service du roi, d'abord aux gardes françaises (1663), puis dans le régiment-général, comme enseigne, sous les ordres de Monsieur le marquis de Dangeau (3). Le vicomte de Turenne lui signe deux passeports, en date des 7 septembre et 12 octobre 1667, et Monsieur de Clinchamps, commandant la noblesse du Maine à l'arrière-ban, lui remet un certificat signé de sa main, au camp de Huningue, le 5 novembre 1674.

En 1689, Denis de Frébourg, convoqué au ban et arrière-ban de la sénéchaussée du Maine, fait constater qu'il est chargé d'enfants et n'a que 500 l. de rente. Le 15 septembre 1697, avec ses sœurs Marguerite et Léonore, demeurant ensemble à Bellême, il reconnaît devoir 100 l. de rente hypothéquée par leur père, le 9 octobre 1642, au profit de Marie Marest, épouse de Jacques de Bautru, en son vivant, conseiller au parlement de Rouen. Le 16 décembre suivant, il est maintenu dans sa noblesse par Hue de Miromesnil, intendant de Touraine, et le 26 juillet 1723, il reçoit la sépulture en l'église de Beauvoir (4).

(1) Ils s'étaient mariés par contrat passé en l'étude de Jacques Tabur, notaire à Blèves, le 1er février 1697.

(2) Le lieu de la Foucherie loué 200 livres, le 23 mai 1702, était chargé d'une rente de 20 sols, pour fieffée d'un banc en l'église de Roullée.

(3) L'ordre donné par le roi, de l'élever à ce grade, est du 9 novembre 1665.

(4) Etat civil de Beauvoir.

De son mariage, conclu par contrat du 5 avril 1672, devant Jehan Sauvage, avec *Jeanne d'Arlanges*, demeurant à la Beuvrière, à Dancé (1), fille des défunts Jean d'Arlanges, écuyer, sieur de Marigny, et Marguerite du Douet, veuve en premières noces de Pierre Brisard, écuyer, sieur du Mesnil-Mouchetière et de Maisoncelles, à Boissy-Maugis (2), il avait eu onze enfants que voici :

1° *Denis-Paul*, né à Contilly le 28 juillet 1674 (3), lieutenant au régiment de l'Isle-de-France de 1693 à 1695, mort des suites de blessures reçues en combattant.

2° *Jean*, tenu sur les fonts du baptême à Contilly, le 9 mai 1676, par Jean du Val, président, lieutenant-général civil et criminel au bailliage du Perche, à Bellême, et Charlotte d'Arlanges (4), femme de Charles de Bouttevillain, écuyer, sieur de la Gilberdière, ancien conseiller et avocat du roi à Mamers. Il fut tué, les armes à la main.

3° *Pierre*, baptisé en la même paroisse, le 5 juillet 1677. Son parrain fut Pierre de Fromont, écuyer, sieur de Mieuxcé, et il eut pour marraine, Charlotte de Fontenay de la Marannière.

4° *Jeanne-Marguerite*, née à Frébourg, le 25 juin 1679. Le 1er juillet, Pierre de Farcy, écuyer, conseiller du roi, trésorier-général de France au bureau d'Alençon, et demoiselle Marguerite Michellet lui tinrent lieu de parrain et marraine, à Contilly.

(1) *Dancé*, com. du cant. de Nocé (Orne).

(2) Jeanne d'Arlanges avait épousé Pierre Brisard, par contrat du 3 juillet 1670, devant Bezard-Travers, notaire à Nogent-le-Béthune. Il était l'unique enfant de Jacques Brisard, écuyer, sieur de la Mouchetière, et de Françoise Michellet, qui s'était mariée en premières noces avec Jacques La Vie, seigneur des Vaux, et en avait eu Anne La Vie, épouse de Antoine Descorches.

(3) Il y fut baptisé le 1er août suivant ; eut pour parrain, Paul de Mésange, écuyer, seigneur de Saint-Germain-de-Coulonge, et pour marraine, Jacqueline du Hameau.

(4) Madame de Bouttevillain fut inhumée dans l'église de Contilly, le 5 janvier 1722. (Etat civil.)

5° *Anne*, baptisée sur les mêmes fonts, le 23 mai 1681.

6° *Joseph-René*, qui continua la branche des seigneurs de Frébourg.

7° *Marie-Madeleine*, née le 8 juillet et baptisée le 16 octobre 1685, à Contilly. Son parrain fut Pierre Davoust, sieur de Haut-Eclair, procureur du roi à Mamers ; et sa marraine, Marie-Madeleine Beaudoin, épouse de Pierre de Farcy. Elle mourut en tombant d'une fenêtre, à la maison royale de Saint-Cyr.

8° *Louise-Léonore*, née à Frébourg, le 3 octobre 1687. Elle y fut ondoyée le lendemain, avec permission de l'abbé de Perseigne (1), grand-vicaire de l'Evêque du Mans ; reçut le baptême en l'église de Beauvoir, le 3 janvier 1688, et mourut le 27 mai 1767, sans avoir contracté d'alliance.

9° *Marie-Françoise*, et 10° *Marie-Anne*, religieuses à la Visitation de Mamers.

11° *Marie-Jeanne*, ursuline au couvent de Nogent-le-Rotrou.

XIII.

Joseph-René de Frébourg, chevalier, né à Contilly le 19 mars 1684, y reçut le baptême le 22 du même mois et fut assisté en cette circonstance de René de Barville et Marguerite du Val, fille du lieutenant-général de Bellême, ses parrain et marraine.

Des ordres de rembarquer sur les navires du roi lui parviennent à Frébourg, signés : de Laugeron (20 janvier 1705), L. de Bourbon (5 mai 1706), et Dalyre (26 mai 1710). Le brevet d'enseigne de vaisseau lui est octroyé le 25 novembre 1712, et en 1717, nous le retrouvons en ses terres, bénéficiant d'un congé de trois mois.

Par contrat du 8 juin 1724, il épousa *Bonne-Renée de*

(1) Un Félix de Frébourg avait été admis comme novice à cette abbaye, en 1658, à l'âge de vingt-quatre ans.

Belriant, fille de Jacques de Belriant, chevalier, seigneur de Villaines-la-Gonais et du Breil, chevalier de l'ordre royal et militaire de Saint-Louis, ci-devant major de Roses, en Catalogne, et de défunte Marie-Bonne de la Loupe, qui lui apporta en mariage la seigneurie des Mottais, en la paroisse du Coudray, au Perche (1), avec la somme de 7871 l. 15 s. Il en eut huit enfants, tous nés à Frébourg, mourut le 24 octobre 1755 et fut inhumé le lendemain, dans l'église de Contilly.

Ces enfants sont :

1° *Joseph-Louis*, dont l'article suit.

2° *Louis-Jacques*, né le 17 avril 1726, enterré dans l'église de Beauvoir, le 22 août suivant.

3° *Denis-René*, né le 17 avril 1727, baptisé deux jours après, à Beauvoir. Aide-major en 1755, puis capitaine, en 1767, au régiment de Limozin, il reçut la croix de Saint-Louis, en récompense de ses services.

4° *Bonne-Renée-Gabrielle*, née le 7 juillet 1729 ; baptisée deux jours plus tard à Contilly, où elle eut pour parrain et marraine, René-Gabriel de Mauloré, écuyer, seigneur de Glatigny, président des élus du Maine et Charlotte-Françoise de Bouttevillain ; enterrée en l'église de Beauvoir, le 10 juin 1734.

5° *Bonne-Jeanne-Marguerite*, baptisée à Contilly le 21 octobre 1730, et qui eut, en qualité de parrain et marraine, M° Denis de Saint-Meloir, écuyer, curé d'Ancinnes, et Jeanne-Marguerite d'Augereau, épouse de Louis de Barville, chevalier, seigneur de la Cour-de-Saint-Ouen, à Conches.

6° *Renée-Jeanne*, née le 19 octobre 1732. Jean de Barville, sieur des Bois, fut son parrain et Anne de Saint-Meloir, veuve de René de Belriant, lui servit de marraine. Elle devint l'épouse de Jean-Baptiste-René du Serreau,

(1) *Le Coudray-au-Perche*, com. du cant. d'Authon.

chevalier, seigneur de la Roche-Courcillon, et en eut huit enfants, dont Jean-Baptiste du Serreau, écuyer, seigneur dudit lieu, né à Cheffes (1), le 12 janvier 1768, et qui suivit, comme boursier, les cours de l'Université d'Angers (2).

7° *Jean-Baptiste-Jacques*, seigneur des Mottais, né le 8 juin 1737, lieutenant au régiment de Languedoc-dragons en 1767, chevalier de Saint-Louis en 1781, marié à Mamers le 17 mars 1789, avec Renée-Madeleine-Jacqueline Thibault, fille de Pierre Thibault, officier chez le roi, et de Renée Bougis.

(1) *Cheffes*, com. du cant. de Tiercé, en Maine-et-Loire.

(2) Le seigneur de la Roche-Courcillon obtint cette faveur pour son fils, du duc de la Trémoïlle, le 12 novembre 1779, sur présentation de l'arrêt de maintenue de sa famille dans la noblesse, en 1656, où l'on voit qu'en 1592 fut expédiée, par Henri de Bourbon, duc de Montpensier, au sieur Serreau de la Motte du Hurel, commission de lever et commander une compagnie de 50 chevau-légers, avec une seconde de 50 arquebusiers à cheval. Elle lui fut aussi accordée, en considération : 1° de ce que, sur la démission dudit Serreau, qualifié écuyer de chef de ces deux compagnies, pour raison d'infirmités occasionnées par les blessures reçues en les commandant, et qui le mettaient hors d'état de continuer le service du roi, M. le duc de Montpensier en accorda la direction à Jean du Serreau, écuyer, sieur du Bois-Fouché, son fils et en même temps son lieutenant, par commission du 12 mai 1594 ; 2° de ce que le père de du Serreau, qui réclamait encore deux places pour ses enfants, l'une à l'Ecole militaire et l'autre à Saint-Cyr, entra, en 1715, sous-lieutenant au régiment de Turbilly, où ses infirmités ne lui permirent de servir que durant quelques années, et 3° de ce que « le suppliant n'ayant pu, par la modicité de la fortune de son » père, chargé comme lui d'une nombreuse famille, servir en qualité » d'officier, a été depuis 1730, jusqu'en 1740, soldat au service de la » compagnie des Indes. Son frère est capitaine de milice. Il a épousé » mademoiselle de Frébourg, de famille noble, qui a trois frères au » service, décorés de la croix de Saint-Louis. Deux de leurs enfants » sont à l'Ecole militaire. Les titres de noblesse de M. du Serreau » sont dans la forme la plus authentique. Il a huit enfants et ne jouit » pas de 1000 écus de rente, sans nul espoir d'aucune augmentation » de fortune. Toute la province d'Anjou, qu'il habite, est en état d'en » attester la modicité présente et future. Ce père infortuné procure à » ses enfants, tous heureusement nés bien faits et de jolie figure, le » peu d'éducation que ses facultés peuvent lui permettre. » (Papiers de M. de Fromont.)

M. de Frébourg mourut à Mamers le 1er mai 1790, et sa veuve le rejoignit au tombeau le 15 juillet suivant.

Rosalie-Louise de Frébourg, leur fille, née en la même ville, au mois de mars de l'année 1790, épousa, en 1812, Léonard-François-Charles Thiroux de Saint-Cyr.

8o *Bonne-Madeleine*, née le 26 juillet 1738. Le 5 mai 1760, elle achète 60 l. de rente, de Mathieu Aguinet, sieur de Beaulieu, marchand à Pervenchères. Elle avait établi sa résidence à Mamers et mourut sans alliance, après le mois d'août de l'année 1767.

XIV.

Joseph-Louis de Frébourg, chevalier, seigneur de Frébourg, le Huon, le Grand-Belnos, la Lande, les Aîtres, le Tertre-Loyer et autres lieux, né à Frébourg le 29 mars 1725, baptisé (1) le lendemain à Beauvoir, était capitaine au régiment de Limozin-infanterie en 1754, et reçut la croix de chevalier de l'ordre royal et militaire de Saint-Louis. Il se maria, par contrat du 2 juin 1760, devant Hulbert et J.-B. Marzyant, notaires en la sénéchaussée de Rhuis, avec *Perrine-Vincente Pottonnier*, demeurant à Sarzeau (2), fille et unique héritière de feu noble Pierre Pottonnier (3), capitaine d'une compagnie d'infanterie détachée des gardes-côtes et de Anne-Suzanne Touzée (4), dame de Kernodidon. L'apport de la future était de 6000 livres.

(1) Son parrain fut messire Louis de la Loupe, écuyer, sieur des Belles-Noës et du Plessis-Faucherie, chevalier de Saint-Louis, enseigne de vaisseau et lieutenant d'une compagnie franche de la marine.

(2) *Sarzeau*, port sur le golfe du Morbihan, chef-lieu de cant. de l'arr. de Vannes.

(3) Il était fils de Pierre Pottonnier, natif d'Islande, passé au service du roi de France, et de Anne Le Clerc.

(4) A.-S. Touzée s'était mariée en premières noces à Jean-Baptiste de Brenugat, avocat en parlement, dont elle avait eu Marie-Vincente et Renée-Jacquette, à qui le seigneur et la dame de Frébourg accordèrent, le 18 septembre 1787, une pension viagère de 500 livres, en reconnaissance des dons qu'ils en avaient reçus.

Le 28 août 1767, il partage, avec ses frères et sœurs, les biens laissés vacants par la mort de Louise-Eléonore de Frébourg, leur tante, et obtient pour sa part la maison de la défunte, sise à Mamers, rue Saint-Jean, une rente constituée de 60 l., due par Luce de Rocquemont, maître particulier des eaux et forêts de la maîtrise de Perseigne et la terre des Landes, à Pervenchères, alors que les autres héritent de la Foucherie et d'une rente de 100 l. dûe par M. d'Aillières. Nous le retrouvons au 3 février 1772, faisant aveu à Athanase-Alexandre Clément de Blavette, seigneur de Barville, pour la moitié de son lieu de la Cave, situé près de la chapelle de l'Erablay, en Pervenchères, et le 6 septembre de la même année, il est parrain d'une cloche, à Aillières.

Une déclaration rendue par lui, le 17 novembre 1777, à Jean-René de Semallé, seigneur de la Gastine, nous indique qu'il lui devait foi et hommage simple, avec le rachat, 5 s. de service, une paire de « petits gants » de 4 deniers, 5 boisseaux de mouture, 5 s. tournois de taille et le relief au double, quand le cas se présente (1).

Le 16 février 1778, le seigneur de Frébourg et sa femme vendent pour 6000 livres, à Pierre-Louis Bauzo, sieur du Rougouet, ancien lieutenant de frégate, demeurant à Sarzeau, les métairies de Peuvime et de K'Bigot, situées près de cette ville ; puis, le 22 avril suivant, moyennant 8000 l.,

(1) Frébourg relevait de la Gastine pour le fief du Huon, les métairies de la Basse-Cour-de-Frébourg et des Aîtres-aux-Maunoury, les champs nommés le Vivier, la Fosse-Carrée, le Mulon, les Grands-Champs, de la Nue, le Sainfoin, les Vallées, anciennement Hiaumet, la Pommerais, les Entonnoirs ou Launay, les Mâsures, la Corde-des-Saints, les Passerelles ou Coin-au-Lasnier, Rambourg ou Petite-Brûlée, la Fontaine-Aubry, l'Hôtel-Fouquet, Paris, les Bignons et la Barrière-de-Contilly, les prés ou herbages du Clos, du Parc-aux-Vaches, Rachel, le Grand-Pré de la Gastine, le Parc-de-la-Petite-Mare, l'Etang-de-Bretignolles, les Parchets-de-Bretignolles, Torel, Pasurel, de la Persinnière, les Bevinnières, la Botte et enfin les taillis de Frébourg, des Couplonnières et de Bretignolles.

une saline joignant le village de Pencademie, à François-Marie de Montigny, chevalier, seigneur de Kispère, demeurant à Vannes, acquéreur au nom de Renée-Armande-Françoise, sa fille, veuve de Louis-Marie de Sarrant, chevalier, conseiller au parlement de Bretagne, demeurant à Blain (1), en son château de Pont-Piétin. Enfin, le 21 juin 1786, en sa qualité de seigneur du Grand-Belnos, il reçoit des aveux de Pierre Rollet, pour l'Aître-du-Parc, à Pervenchères, de Jules de Barville, sieur de Saint-Aubin, pour le champ de l'Enclose, et de Pierre-Ambroise de Bordin, écuyer, seigneur de l'Aistre et la Chausserie, ancien mousquetaire de la seconde compagnie servant à la garde ordinaire du roi, demeurant à Alençon, fils et héritier de Pierre-Charles de Bordin, écuyer, sieur de Laistre, fils et héritier lui-même de Charles de Bordin, écuyer, sieur de Beaubuisson, qui représentait Pierre de Prulay, sieur de Moire, à cause des champs Hubert et de l'Ousche.

Au début de la Révolution, Joseph-Louis de Frébourg, qui s'était fait représenter par M. de Semallé, à l'assemblée de la noblesse du Maine, fut choisi comme notable de Mamers et nommé colonel de la garde nationale de cette ville. Mais ayant décidé de se retirer à Alençon, rue de Bretagne, il démissionna le 10 janvier 1791, et sa démission fut acceptée sept jours après par la municipalité qui lui fit parvenir à cette occasion la lettre dont voici la teneur :

« Monsieur,

« Nous avons reçeu votre lettre du 10 de ce mois, par « laquelle vous nous annoncés que vos infirmités et votre « âge vous empêchent de continuer plus longtems les fonc- « tions de votre place de colonel de la garde nationnale de « cette ville et vous forcent à nous en donner votre démis-

(1) *Blain*, chef-lieu de cant. de l'arr. de Saint-Nazaire.

« sion. Le respect et l'estime que vous avés mérités de vos « concitoyens nous font adhérer à regret à votre proiet ; « nous conserverons à iamais le souvenir et la reconnois- « sance de votre zèle et de votre patriotisme ; nous sommes « plus fâchés encore par l'intérêt que vous nous inspirés « d'apprendre les raisons qui nous mettent dans le cas de « vous perdre.

« Nous sommes, etc... »

L'accusé de réception de M. de Frébourg est conçu en ces termes :

« Citoyens,

I'ai habité longtems avec vous, ce souvenir sera touiour cher à mon cœur, ie n'oublierai iamais que votre confiance m'éleva à la dignité de notable, ensuite à celle de colonel de la garde nationalle ; i'oze croire d'après les témoignages flateurs que vous m'en donnâtes par votre missive du 17 ianvier 1791, vieus stile, et dont ie ioins icy copie, ne voullant iamais perdre de vue l'original, en avoir dignement rempli les fonctions et pouvoir espérer de votre iustice que ie réclame, un certificat qui constate que, pendant que i'ai été au milieu de vous et comme notable et comme colonel, i'ai bien exactement paié mes impositions et mon don patriotique et que ma conduite a touiours été pure, et que iamais, soit par mes propos ou par mes actions, ie n'ai mérité de reproches de mes concitoyens et qu'en les quittant à regret, i'ai été assez heureux pour mériter les leur.

Frébourg. »

Le « ci-devant seigneur » semble avoir passé paisiblement les trois premières années de son séjour à Alençon, car en date du 30 octobre 1794, les membres du conseil général de cette ville consentent volontiers à lui déclarer par écrit que, durant tout ce temps, « il n'a manifesté que « les principes d'un citoyen rempli de bonnes mœurs et « qu'il s'est toujours conduit de manière à ne mériter « aucuns reproches, qu'au contraire il a donné différentes « preuves d'un bon citoyen. »

Il eut sept enfants :

1° *Joseph-Louis-Vincent*, dont l'article suit.

2° *Joseph-Jacques-Jean*, sieur de Belnos, né à Contilly le 20 juillet 1767. Ayant émigré, il fut admis le 20 décembre 1791, en qualité de garde, avec le rang de sous-lieutenant dans la compagnie de l'Institution Saint-Louis, rassemblée à Coblentz, sous les ordres du comte de Vergenne, fit la campagne de 1792, jusqu'au licenciement de l'armée des Princes, et mourut sans postérité.

3° *Renée-Bonne*, inhumée dans l'église de Contilly, à l'âge d'environ douze mois, le 3 septembre 1770.

4° *Joseph-Jean-René-François-Marie*, chevalier de Frébourg, lieutenant au Royal-Comtois, né à Sarzeau, marié par contrat du 2 février 1801, avec Charlotte-Renée de Piffaut des Essards, demeurant ci-devant à Teillé et présentement au Mans, section de la Liberté, née à Saint-Hilaire-la-Gérard (1), le 14 octobre 1760, du mariage de René-Marin-François de Piffaut et de Julienne-Renée-Jacqueline de Semallé (2).

Madame de Frébourg dicta son testament le 20 avril 1817 et mourut six jours après. Son mari demeurait, en juillet 1818, au château de la Beroize, à Sargé, près Le Mans.

(1) Com. du cant. de Séez (Orne).

(2) Julienne de Semallé avait épousé en premières noces Jean-Anselme, baron de Kaerbout, écuyer, sieur de la Cruche, fils de François-René de Kaerbout, chevalier, seigneur de Teillé, et de Marie-Madeleine-Charlotte du Bois, mort le 2 mars 1794. De cette union étaient nés Anselme-Auguste et Hippolyte, qui fut sous-préfet de l'Empire.

5° *N.....*, prêtre. Il émigra en 1791 et mourut en Allemagne.

6° *Jeanne-Marie-Vincente*, mariée à Contilly, le 6 juin 1791, avec Charles-Gilles de la Briffe-Ponsan, capitaine d'infanterie, chevalier de Saint-Louis, fils des défunts Charles-Antoine de la Briffe, écuyer, et Marguerite Piquer de Sagarre, de la paroisse d'Armentières, au diocèse de Chartres. La bénédiction nuptiale leur fut donnée par Jean-Charles de la Briffe-Ponsan, prieur commendataire des prieurés de Saint-Christophe-sur-Avre, et de la baronnie d'Armentières, son annexe, de Saint-Etienne-de-Chesnebrun et de Notre-Dame de Beaulieu, son annexe et encore des Saints-Gervais-et-Protais-de-Placé, en présence de François de la Briffe de Beaulieu, chevalier de l'ordre de Saint-Louis, frère de l'époux.

7° *Marie-Louise-Renée*, née le 4 janvier 1776, unie à M. Morel d'Escures, le 16 décembre 1800.

XV.

Joseph-Louis-Vincent de Frébourg, écuyer, né à Mamers en 1761, était lieutenant au régiment de Navárre-Infanterie, lorsqu'il se maria en sa paroisse natale, le 2 mars 1790, avec *Jeanne-Marie-Henriette de Semallé*. Il émigra en 1791, prit part à la campagne de 1792 à l'armée des Princes et à sa dissolution, se réfugia à Londres. Rentré en France, puis arrêté et traduit, le 26 octobre 1797, devant la commission instituée à l'effet de juger les prévenus d'émigration, il ne dut son salut qu'à l'intervention de M. de Semallé près du général Cathol.

Lors du partage des biens de ses défunts parents, fait le 6 octobre 1801, il reçut en héritage, Frébourg, avec ses dépendances, la moitié de la ferme des Aîtres-aux-Maunoury et le bordage du même nom. Joseph-Jean-René-François de Frébourg obtint les deux tiers des immeubles situés à

Villaines-la-Gonais et la moitié de la ferme de la Fosse, à Aillières. A Marie-Louise-Renée, leur sœur, échurent le Huon, la Lande, à Vidé, l'herbage du Grand-Parc, à Montgaudry, et deux rentes constituées de 60 l. et 130 l.

M. de Frébourg qui fut parrain d'une cloche, à Contilly, en 1817, devint maire de cette commune, conseiller d'arrondissement pour le canton de Mamers, et mourut à Alençon en 1841, laissant un garçon et une fille.

1° *Joseph-Louis*, magistrat à La Flèche, mort sans postérité.

2° *Iseulle-Hyacinthe-Henriette*, née en 1791, mariée à Contilly, le 8 mai 1821, avec *Théodore de Fromont de Bouaille*, fils de défunt Henri-Pierre de Fromont, écuyer, seigneur de Bouaille, Mieuxcé, Pacé, Herse et autres lieux, ancien mousquetaire noir de la 2me compagnie de la garde du roi, émigré en 1791, et de Marie-Louise-Charlotte Chesneau de la Drourie.

Théodore de Fromont sorti de Saint-Cyr avec le grade de sous-lieutenant le 6 novembre 1812, fit la campagne d'Allemagne au 13e régiment d'infanterie légère, et ne rentra en France que le 1er août 1814, après avoir été fait prisonnier à Culm, en Bohême, le 30 août 1813. Le 9 mai 1816 il fut incorporé, comme lieutenant, dans la légion du Puy-de-Dôme, se retira plus tard à Frébourg et y mourut le 14 septembre 1834, laissant cinq enfants :

1° *Isabelle-Iseulle*, mariée avec Adolphe de Rouvray, comte de Saint-Simon.

2° *Marie-Virginie*, épouse de Jules de Beffort.

3° *Paul-Henri*, né à Alençon le 13 février 1828, marié à Blois, le 15 novembre 1853, à Marie-Antoinette-Louise de Guisable de la Cotte de Beaulorent, décédée à Contilly le 6 septembre 1876. Il fut longtemps maire de cette commune, vendit son domaine à M. le comte Robert de Semallé, se retira à Mamers, y mourut en 1908 et fut ensépulturé près de son épouse.

4° *Bonne-Henriette*, décédée sans alliance.
5° *Eugénie*, unie à Victor de Beffort (1).

Branche des de Frébourg, seigneurs de la Houdairie.

Alexis de Frébourg, écuyer, sieur de la Houdairie et des Poifilles, à Rouperroux-le-Coquet, fils de Pierre de Frébourg et de Marguerite de Charron, contracta alliance avec *Rolande de Melun*, qui lui donna deux fils.

1° *Jacques*, l'aîné, dont nous allons parler au paragraphe premier.

2° *Charles*, qui suivra au paragraphe deuxième.

Paragraphe I.

I.

Jacques de Frébourg, écuyer, seigneur de la Houdairie, n'eut qu'un fils, qui suit, de son union avec *Marie Guérin*, fille de noble François Guérin et Marie de Courboyer.

II.

Jean de Frébourg, écuyer, avait épousé *Marie Chesneau*, et ne vivait plus en 1669.

III.

René de Frébourg, écuyer, seigneur de la Houdairie et des Poifilles, issu de leur alliance, contracta mariage avec *Louise de Tascher*, fille de Louis de Tascher, écuyer, sei-

(1) Cf. *Généal. de la Maison de Fromont*, par M. Paul de Fromont.

gneur de Boisgonthier et de Marcilly et de Louise de Vauloger. Il en eut :

1° *Guillaume.*

2° *Marie.*

3° *Antoine-Henri,* qui fixa sa résidence à Saint-Germain-de-la-Coudre, au Perche, et acheta, le 18 janvier 1711, de Marguerite Maussion, veuve Macé Guillois, de Louzes, une pièce de terre joignant Frébourg. Il devint père de trois enfants qui, le 21 décembre 1751, se partagèrent les biens de défunt François de Belsers, écuyer, sieur des Bois, leur parent du côté maternel.

Ces enfants étaient :

A. *Françoise,* épouse de Hugues Ségouin, marchand à Marolles-les-Braults.

B. *Perrine-Marie,* demeurant aux Poifilles, avec François-Michel du Portail, écuyer, sieur de Saint-Jouin, son mari.

C. *Jean,* écuyer, seigneur de la Houdairie, du Boulay, du Désert et autres lieux, demeurant à Saint-Germain-de-la-Coudre. En 1733, Marie de Marimbert, son épouse, soutenait un procès contre son frère, François de Marimbert, relativement à la succession de leurs défunts père et mère.

Paragraphe II.

Charles de Frébourg, écuyer, sieur de la Noë-Royère, avocat à Mamers, fit baptiser en cette ville les cinq enfants que lui donna Marguerite Davoust, savoir :

1° *Marguerite,* née le 9 février 1597, unie à Claude de Mauny, écuyer, seigneur du lieu et de la Rousselière. Le 21 janvier 1629, ils achètent pour 360 l. de Guillaume d'Eu, écuyer, seigneur de Chédouet, et de Madeleine de Pillois, son épouse, la maison seigneuriale de Brainville, au bourg de La Fresnaye, sur le chemin de l'église à Mamers, comprenant « salle basse, chambre haulte, fournyl, celyer et « estable, cour, clos, jardin, trois journeaux de terre, un « arpent de pré, droit de pêche, coulombier et un banc « dans la nef » (1).

2° *Jacques*, écuyer, sieur de Chauvigny, du Houx, à Roullée, et de la Turpinière, en Commerveil et Saint-Rémy-des-Monts, né à Mamers (2), le 22 janvier 1599, enterré dans l'église de Commerveil le 18 juin 1674, ayant eu de Marie Quelquejeu, morte le 1er septembre 1661 :

A. *Jacques*, écuyer, sieur de Chauvigny, de la Turpinière et de Lamprois, en Marollette, époux de Marie Michelet, décédé à Mamers le 25 juillet 1693.

B. *Guillaume*, écuyer, seigneur de Cofresne, à Commerveil, marié à Geneviève Sionet, qui le rendit père de *Charles* et de *Marie*, baptisée à Mamers le 23 septembre 1659.

C. *Jean*, écuyer, seigneur de la Fosse, né le 30 mars 1631, époux de Marguerite Guérin.

Alexis de Frébourg, leur fils, également seigneur de la Fosse, devint l'époux de Anne de Vaussé et en eut *François*, seigneur du Vauguérin, mort sans postérité.

D. *Claude*, né à Mamers, le 24 août 1634.

E. *Marie*, née le 19 août 1638, en la même ville. Elle contracta alliance avec Jean Le Maignen, sieur de Lormont, conseiller du roi, lieutenant particulier civil et criminel au bailliage et siège royal de Sonnois, procureur aux eaux et forêts de Perseigne, et en eut trois fils : 1° Charles, né le 18 juillet 1669 ; 2° René, mort à 84 ans, le 7 janvier 1692 ; 3° Jacques,

(1) Etude de Me Foucault, notaire à La Fresnaye.
(2) Etat civil de Mamers.

bachelier de Sorbonne, clerc tonsuré, le 3 septembre 1688, date à laquelle sa mère lui assigne pour titre sacerdotal, le lieu de la Mare, à Saint-Longis.

3° *Charles*, né le 24 août de l'an 1600.

4° *Anne*, née le 30 avril 1602 (1).

5° *Joseph*, né le 26 octobre 1604.

LA NOIRAIS

I.

Située à trois cents mètres du bourg, au fond d'une vallée affreusement ravagée par le terrible orage du 7 juin 1904, l'habitation de la Noirais, grâce à sa tourelle percée de larges fenêtres à meneaux, et ornée d'un écusson mutilé à l'époque révolutionnaire, conserve encore un certain cachet d'antiquité.

Son premier possesseur connu est JEHAN DE GUÉROULT (2), aliàs Guérous, Guéroux ou Guérout, seigneur en même temps du Boulay, à Contilly, et de Saint-Aubin-des-Grois (3).

Il épousa *Marie de Tournebœuf* et en eut deux fils :

1° *Jehan*, dont l'article suit.

2° *Robert*.

II.

JEHAN DE GUÉROULT, seigneur de la Noirais, du Boulay, de Saint-Aubin et de Bellenöe, en Pervenchères, partage

(1) Son parrain fut noble homme Pierre Hoüys, sieur de Launay.

(2) Cf. sur cette famille : S. Allais. *Nobiliaire*, XX, 1467 ; *Carrés* d'Hozier, 318.

(3) Paroisse aujourd'hui réunie à celle de Marollette.

avec son frère les biens de leurs défunts parents, le 16 décembre 1483. Il eut aussi deux garçons :

1° *Pierre,* qui continua la branche des seigneurs de la Noirais.

2° *Jacques*, sieur de Bellenöe, marié le 22 juin 1525 à Louise de Cochefilet, fille de Mathurin de Cochefilet, seigneur de Bellavilliers (1), dont il eut trois enfants : 1° *Marie*, épouse en premières noces de René du Mellenger, fils de Pierre du Mellenger et Suzanne du Brosseau, et en secondes noces, de Guillaume de Barville, seigneur de la Gastine. — 2° *Jean*, sieur de Bellenöe, qui fut uni à demoiselle Anne Tahureau, fille de Jacques Tahureau et de Marie Thiercelin, sœur du poète manceau. — 3° *Charles*, seigneur de Vidai (2), marié le 14 septembre 1561, à Madeleine de Surmont, fille de Jean de Surmont, sieur des Grouas et de Jacqueline Abot.

III.

Pierre de Guéroult, écuyer, seigneur de la Noirais et autres lieux, était marié avec *Jeanne de Barat*, le 25 mars 1535.

De cette union sont nés :

1° *Charles*, qui suivra.

2° *Roberte*, épouse de Julien Le Royer, sieur de Villépandue, à Pizieux.

IV.

Charles de Guéroult, écuyer, seigneur de la Noirais, Saint-Aubin, le Boulay et Bellefontaine, inhumé dans l'église de Contilly le 21 février 1630, contracta alliance avec

(1) Com. du cant. de Pervenchères.
(2) Com. du cant. de Pervenchères.

Tassine Le Conte, fille de Denis Le Conte, sieur du Gué-Laurent, à Suré, qui lui donna trois enfants :

1° *Pierre.*

2° *Catherine*, mariée à noble Jean Le Conte, écuyer, sieur de Fortmesnil et Villépandue. Le 1er février 1609, elle achète pour 67 l. 10 s., de Louis Béguin, les champs Thieulin et de la Groye, situés en La Fresnaye, sur le chemin de Villaines-la-Carelle (1).

3° *Marie*, unie à Josias de Roullin, sieur de Roifront.

V.

Pierre de Guéroult, écuyer, épouse en premières noces, avant février 1590, *Madeleine des Loges*, veuve de François de Saint-Loup, seigneur du lieu, à Louzes, et se remarie, le 25 juin 1630, avec *Marie Damyot.*

Ensépulturé près de son père, le 21 janvier 1633, il eut sept enfants :

1° *Jules*, l'aîné, écuyer, seigneur de la Noirais et de Saint-Aubin, mentionné dans un acte du 20 août 1639, où l'on voit que le Haut-Bois, en Marollette, relevait de ce dernier fief. Il se marie avec Gabrielle de Laubespine, qui était veuve et sans enfant, le 10 mai 1647.

2° *Renée*, fille aînée, mariée à Contilly le 25 novembre 1646, avec Gallois de Barville, écuyer, seigneur de la Lambonnière. Le 19 mai 1648, elle est marraine, à Montgaudry, de Pierre, fils de Jean Boisnet, écuyer, sieur de Vilainraine et de Marthe de Tournetot et, le 31 mai 1654, fait effectuer la visite de la Noirais, sa résidence habituelle, où sont nés ses deux enfants : 1° Julien de Barville, baptisé le 10 mai 1647 ; 2° Renée de Barville, tenue sur les fonts du baptême,

(1) Tous les actes notariés analysés au cours de cette étude sont extraits des minutes conservées chez les notaires de Mamers, La Fresnaye et Saint-Rémy-du-Plain.

le 2 avril 1653, par Charles de Crosard, écuyer, seigneur de Pigeon, et Jacqueline de Gislain.

3º *Jacques*, auteur de la branche des seigneurs de Saint-Loup, dont nous parlerons dans un article additionnel.

4º *Loup*, qui suit sous le nº VI.

5º *Renée*, religieuse.

6º *Pierre*, écuyer, sieur du Boulay, sous-diacre en mai 1630, prêtre le 24 décembre 1631.

7º *Madeleine*, mariée à Contilly, le 20 septembre 1640, avec Alexandre Le ......, sieur de la Fourmagère, dont elle était veuve dès le 24 avril 1644.

VI

Loup de Guéroult, écuyer, seigneur de la Noirais, le Boulay, Favart, à Contilly, la Fontenelle et la Terrière, en Montgaudry, capitaine en 1644 d'une compagnie de gens de guerre au régiment du Haut-Rhin, entretenue par le roi ès Provinces-Unies de Hollande, contracte alliance avec *Louise de Gislain.*

En considération de la générosité dont il fit preuve, à l'occasion de la réfection de la voûte de l'église de Contilly, le général des habitants de cette paroisse assemblé le 9 août 1655, décide que dans la suite il sera recommandé avec sa famille aux prières des fidèles et lui concède gratuitement ses « deux bancqs posés, l'un dans la neffe, « l'un au bout de l'ôtel saint Sébastien, pour la terre et « seigneurie du Boullay, et l'autre, proche le banq de la « Noiraye, pour sa terre de Fabvas ».

Le 5 décembre 1666, Loup de Guéroult, agissant au nom de Georges Le Vasseur, écuyer, seigneur de Thoiré, loue le bordage de la Maraizière, à Montgaudry et, baille à ferme son lieu du Boulay pour 500 l. en 1671. La mort le surprit à la Fontenelle et sa sépulture fut faite en l'église Saint-Rémy de Montgaudry, le 25 janvier 1672.

Le 21 août suivant, sa veuve rend aveu à Colbert, seigneur de Pescoux, pour le Pont-Billet, anciennement nommé la Suzannière, en Contilly. Elle meurt à l'âge de soixante-deux ans, le 2 mars 1694, et fut ensevelie dans le tombeau de son défunt époux.

De leur union sont issus quatre enfants :

1° *Marie*, baptisée à Contilly le 18 novembre 1643.

2° *Jacques*, dont nous allons parler à l'article VII.

3° *Loup*, écuyer, qualifié seigneur de Favart, prêtre au 24 août 1679, curé de Montgaudry (1), le 10 août 1692, inhumé dans l'église de ce lieu le 19 février 1715, à l'âge de soixante-deux ans. Le 6 août 1692, il avait baillé à ferme son lieu de la Droiterie, à Saint-Quentin-de-Blavou (2), moyennant 380 l.

4° *Jean*, écuyer, seigneur du Boulay, et de Villeneuve, à Beauvoir.

En 1689, il comparaît au ban de la sénéchaussée du Maine et offre de servir. Le 20 octobre 1693, il se présente aux plaids de Pescoux, pour exhiber devant Jules-Armand de Colbert, marquis de Blainville, seigneur de Lilledieu, Chanceaux, etc., son contrat d'acquisition de la Gougonnière, à Saint-Julien-sur-Sarthe (3) ; vend pour 41 l. une maison sise à la Mérollière, en la même paroisse, le 23 juin 1704, et reçoit la sépulture dans le cimetière de Beauvoir, le 21 août 1735.

Hélène de Fromont qu'il avait épousée, abandonne, le 8

(1) Loup de Guéroult succéda, comme curé de Montgaudry, à Me Denis de Grougnault, écuyer, inhumé dans son église le 12 septembre 1691, à l'âge de 71 ans, après avoir donné à la fabrique « le calice, soleil et ciboire d'argent » pour participer chaque dimanche aux prières des fidèles. Il fut remplacé par Me Pichon de la Potherie, son vicaire. — Etat civil de Montgaudry.

(2) Com. du cant. de Pervenchères.

(3) Com. du cant. de Pervenchères.

octobre 1693, au profit de François de Brunet, écuyer, sieur de Rouilly, la somme de 400 l., à elle due par François de Brunet, écuyer, sieur de la Renoudière, de la paroisse d'Echufflé.

De leur union naquirent :

A. *Marie-Jeanne*, mariée à Beauvoir, le 1er décembre 1708, avec Charles de Bordin, écuyer, seigneur de Beaubuisson, paroissien de Pervenchères, fils des défunts Charles de Bordin et Renée de Barville. Le 22 janvier 1724, ils vendent pour 1000 l. à Marie de Guéroult, fille mineure de Pierre de Guéroult et Marie Le Roy, le lieu de Solgaste, à Saint-Jouin-de-Blavou (1), qu'ils possédaient en héritage de Renée de Barville, leur ta nt [illegible].

B. *Jean-Loup*, baptisé à Contilly le 15 décembre 1686.

C. *Hélène*, morte sans alliance et enterrée près de son père, le 26 décembre 1747.

D. *René*, écuyer, seigneur du Boulay, vicaire à Roullée, en 1714. Le 27 juin 1723, en sa qualité de curé des Aulneaux, où il avait succédé le 29 décembre 1716 à Me Darté, résignataire en sa faveur, sous réserve d'une pension viagère de 300 l. (2), il fait bail de ses dîmes et de la grange dîmeresse à Me Jacques Ruelle (3), chapelain de la chapelle de Notre-Dame-de-Pitié, desservie en son église, moyennant 700 l. par an, 200 livres de grosse paille, autant de menues et 100 livres de chanvre broyé. Le 22 août suivant, nous le retrouvons, faisant aveu à Jean-Baptiste-Jacques de Saint-Rémy, seigneur de Pescoux, Montgoubert, la Motte-Foucquet, Magny et autres lieux, à

(1) Com. du cant. de Pervenchères.

(2) *Ins. ecclés.*

(3) Ce chapelain reçut la sépulture en l'église des Aulneaux le 3 février 1729. — Etat civil des Aulneaux.

cause de « sa maison presbitéralle, composée de « deux chambres basses à cheminée, une cave et une « ofice à un bout, et un degré avec une étude à « l'autre, la grange dudit lieu au bout de laquelle est « un pressoir et une étable séparée de ladite maison, « une écurie séparée des autres bâtiments, cours, « jardin et verger en un même enclos, contenant un « arpent ou environ, joignant le cimetière et le « chemin de l'Epine à la Jubaudière, trois pièces de « terre et un pré se joignant, nommés les Aumones », le tout tenu à simple obéissance.

Le curé des Aulneaux rendit son âme à Dieu le 3 février 1738 et fut ensépulturé le lendemain au cimetière, par Me André de Lépinay, curé de Pervenchères. Il était alors âgé de 48 ans.

E. *Pierre*, écuyer, sieur de Villeneuve, possesseur du lieu de la Mottière, à Saint-Julien-sur-Sarthe, en février 1718, époque à laquelle il était au service du roi.

Marie Le Roy, de la paroisse du Cercueil (1), en était veuve le 29 avril 1738, date du mariage, en l'église de Beauvoir, de *Marie-Hélène de Guéroult*, leur fille, avec René-Thomas Le Prévost, écuyer, sieur de Launay-Rosserie et de la Blosserie, fils des défunts Guillaume Le Prévost (2), écuyer sieur de Launay, et de Anne de Chabot, né au Chevain, le 27 septembre 1702, enterré à Beauvoir le 27 janvier 1756.

(1) Com. du cant. de Carrouges (Orne).

(2) Guillaume Le Prévost, inhumé dans l'église du Chevain, le 7 septembre 1702, en présence de Henri Le Prévost, écuyer, sieur de la Blosserie, son frère, eut quatre autres enfants de son union avec Anne de Chabot, morte le 11 avril 1733, à l'âge de 79 ans : 1° Guillaume, écuyer, enterré près de son père, le 4 août 1703 ; 2° Jacques-René, né le 9 février 1700 ; 3° Charlotte-Marguerite, née le 20 mars 1701 et 4° Cosme-Damien, mort quelques heures après sa naissance, le 27 septembre 1702. — Etat civil du Chevain.

Marie-Hélène de Guéroult qui lui survécut, en avait eu quatre enfants, tous originaires de cette dernière paroisse : 1o Madeleine-Catherine, née le 22 janvier 1739, rappelée à Dieu le 6 mars 1740 ; 2o René-Charles, écuyer, sieur de la Blosserie, né le 5 février 1741, vivant encore au 2 janvier 1791 ; 3o Joseph-François, né le 2 novembre 1742 et 4o Charles-Jean, né le 19 avril 1748. Il épousa demoiselle Anne Massot et c'est de cette union que sont nées pareillement à Beauvoir, Louise-Marie, à la date du 2 janvier 1791, et Françoise-Jacqueline, à celle du 17 novembre de la même année (1).

VII.

Jacques de Guéroult, écuyer, seigneur de la Noirais, la Terrière, la Fontenelle, baptisé à Contilly le 17 janvier 1651, baille à ferme, le 15 janvier 1692, pour 300 l., la Ligeardière, en Pervenchères, avec le bordage de Chiray, à Montgaudry, et le 30 mars suivant, il achète au prix de 481 l., de Julien Demeude, établi curateur en la succession abandonnée de Marie de Semallé, le lieu de la Rue, en cette dernière paroisse, dans l'église de laquelle il fut enterré, le 12 octobre 1694.

Anne-Marie Chrestien, sa veuve, convola en secondes noces, à Montgaudry, le 13 mai 1698, avec Antoine Chabot, fils des défunts Jacques Chabot, écuyer, seigneur de Bois-Girard, à Lignières-la-Carelle, et de Marguerite de Surmont. Elle mourut à l'âge d'environ quarante ans, le 7 juin 1706, et reçut la sépulture aux côtés de son premier époux, dont elle avait eu les huit enfants suivants, tous nés à la Fontenelle :

1o *Jacques*, qui suit.

(1) Etat civil de Beauvoir.

2° *Thomas*, écuyer, né le 2 octobre 1688 et tenu trois jours après sur les fonts baptismaux, par Me Thomas Chrestien, bachelier en théologie de la faculté de Paris, curé de Saint-Sauveur de Bellême, doyen du Bellêmois, et Gabrielle de Lespine, veuve de Jacques de V...., écuyer, seigneur de Lépinay. Il était religieux jacobin en 1720.

3° *Loup-Joseph*, écuyer, capitaine au régiment de Foye, chevalier de Saint-Louis, né le 19 décembre 1689 (1). Il épousa Marie-Elisabeth Doucelet, qui lui donna Françoise-Marie de Guéroult, non mariée au 22 août 1741.

4° *Anne-Marie*, née le 1er août 1690, représentée au baptême le 10 octobre suivant, par Richard de Gislain (2), écuyer, seigneur de la Sardinière, et Marguerite Aubin, femme de Ursin Chrestien, écuyer, seigneur de Vaugelay. Par contrat du 3 septembre 1711, passé devant Maisonnier, notaire à Suré, elle épouse Jean-René de Fontenay, écuyer, seigneur de la Châtellenie, fils de Jean de Fontenay et de Jacqueline-Marguerite du Portail, et en eut : 1° Françoise-Marie, baptisée à Saint-Hilaire-de-Soisay, le 10 juillet 1712 ; 2° Jeanne-Renée, née le 18 avril 1714 ; 3° Jean-François-César, chevalier, seigneur de la Châtellenie, né à La Perrière, le 8 septembre 1718, officier aux chevau-légers de la garde du roi, chevalier de Saint-Louis, marié avec noble Marie-Anne-Thérèse Savare ; 4° Pierre-Joseph, né en 1721 ; 5° Louis-René, seigneur de la Brimensière, chevau-léger de la garde du roi, en 1761, qui épousa Michelle-Jeanne de Suard.

5° *Marguerite-Jacqueline*, née le 15 décembre 1691,

(1) Sa marraine fut Marie-Madeleine Chrestien, sa tante, représentée en cette circonstance par Marie de Grougnault, qui était parente du curé de Montgaudry et fut enterrée dans l'église de cette paroisse, à l'âge d'environ 80 ans, le 6 octobre 1691. — Etat civil de Montgaudry.

(2) Richard de Gislain avait pour enfants Marie et François de Gislain, écuyer, sieur de la Sardinière, capitaine des chasses et maître des eaux et forêts de Bellême, marié à Charlotte de Prulay, dame des Marais.

mariée par contrat du 21 juillet 1718, devant Zacharie Massot, notaire à La Perrière, et religieusement, à Montgaudry, le 30 du mois d'août, avec François-César de Fontenay, écuyer, seigneur de la Guyardière, fils de César de Fontenay et de Madeleine Guérin.

De ce mariage sont issus : 1° *Jacques*, né à Montgaudry le 4 juin 1719 et baptisé le lendemain, à Contilly ; 2° François-César, écuyer, seigneur de la Guyardière et de la Bellonière, né à La Perrière le 27 juillet 1720, lieutenant de cavalerie en 1752, au régiment Royal-Piémont, chevalier de Saint-Louis en 1764, mort le 21 janvier 1798, à Vendôme, où il avait épousé, le 23 janvier 1759, Marie-Renée de la Fresnaye de Beaurepos ; 3° Joseph-François-César, curé de Saint-Cyr, puis de La Perrière ; 4° Marguerite-Jeanne-Perrine et 5° Jacqueline-Marie.

6° *Françoise*, née le 3 décembre 1692.

7° *Jean-Joseph*, né le 25 mars 1694.

8° *Catherine-Marie*, née après la mort de son père et baptisée le 16 avril 1695.

Du second mariage de la dame de la Fontenelle avec Antoine Chabot sont issus trois autres enfants :

1° *Louise-Marie Chabot*, née à Montgaudry le 29 avril 1699, mais présentée au baptême, à Contilly, le 10 mai, par Louis de Vallée, chevalier, seigneur du Chevain et Marie-Madeleine Chabot, fille de Jacques Chabot, seigneur du Bois-Girard et de Marguerite Estienne. Elle contracta alliance le 17 novembre 1722, avec François de Saint-Pol, chevalier, seigneur des Grand et Petit-Fay, fils de feu René de Saint-Pol et de Charlotte de Frenois, de la paroisse de Préaux (1), et en eut Ambroise-Emmanuel de Saint-Pol, qui reçut la sépulture au cimetière de Saint-Paul-le-Vicomte (2), le 29 novembre 1785.

(1) *Préaux* ; com. du cant. de Nocé.

(2) L'ancienne paroisse de Saint-Paul-le-Vicomte est maintenant réunie à celle de La Fresnaye.

2° *Charlotte-Cécile Chabot*, née le 9 décembre 1702.

3° *Anne-Marie Chabot*, baptisée le 29 mai 1705.

VIII.

JACQUES DE GUÉROULT, chevalier, seigneur de la Terrière et de la Fontenelle, né le 22 avril 1686 (1), se maria en premières noces avec *Catherine-Madeleine Le Maire*, et en deuxièmes, avec *Anne de Brossard*, qui décéda à l'âge de 65 ans, le 2 février 1787, et fut inhumée le lendemain, selon son désir, en l'église de Contilly.

Cinq enfants sont nés du premier mariage :

1° *Jean-Jacques*, dont nous parlerons au n° IX.

2° *Guy*, né le 4 avril 1722 (2).

3° *Anne-Madeleine-Elisabeth*, née le 23 mai 1723 et unie, à Contilly, le 22 août 1741, à Anne-Nicolas de Boisthierry, écuyer, seigneur de la Pontonnière, à Saint-Pierre-des-Ormes, fils de défunt Charles-Marie de Boisthierry et de Marie de Rupierre. Ils eurent de leur union : 1° Anne-Marie-Jacqueline, née le 9 mai 1742, morte le 7 octobre 1743 ; 2° Louise-Catherine, baptisée le 29 mars 1743, décédée à Contilly le 17 février 1744, et enterrée le 18 en cette paroisse ; 3° Anne-Jean-Joseph, baptisé le 2 avril 1744 ; 4° Jacques-Emmanuel, écuyer, seigneur de la Pontonnière, né le 14 mai 1745, marié à Marie-Françoise Beduet ; 5° Marie-Anne-Françoise, baptisée le 17 janvier 1747 ; 6° Alexandre-François-Louis, né le 23 novembre 1748 et qui ne vécut que quelques jours ; 7° Louis-Anne, baptisé à Mamers le 7 septembre 1752, enseveli dans l'église de Saint-Pierre-des-Ormes le 19 février 1754 ; 8° Anne-Marie-

(1) Son parrain fut Me Jacques Chrestien, greffier au parlement de Paris.

(2) Il fut baptisé le 6 avril à Montgaudry, eut comme marraine, Anne Sadoc, et pour parrain, Guy de Nouet, écuyer, conseiller et secrétaire du roi, maison et couronne de France, ancien avocat à la Cour.

Perrine, demeurant à Saint-Domingue, avec monsieur de la Génevraye, docteur en médecine, son époux, en 1787; 9° Charles-Marin, enterré près de sa sœur, à Contilly, le 15 mars 1758.

4° *François-Louis*, né le 2 juillet 1724.

5° *Jacqueline-Madeleine*, tenue sur les fonts du baptême, à Montgaudry, le 4 avril 1727, par Jacques-Hugues Philippe, écuyer, sieur de Beuville, conseiller du roi, maître des eaux et forêts du Perche et Anne-Marie de Guéroult. Elle contracta alliance devant Malé, notaire à Mamers, le 27 avril 1752, avec Pierre-René-François-Anne de Tilly, écuyer, seigneur de Prémarais, de la Guillonnière et du Verger, capitaine au régiment de Navarre, chevalier de Saint-Louis, né à Petiville, au diocèse de Bayeux, le 4 décembre 1730, de Pierre-Armand de Tilly et Renée-Françoise de Guéroult de Saint-Loup.

Le 8 mars 1766, le seigneur de Prémarais vendit à Nicolas Bachelier, marchand à Beauvoir, la métairie de Beauregard, en cette paroisse, qu'il avait acquise peu de temps auparavant, de Julien de Portebize, et qui était chargée d'une rente de 18 l. au profit de la fabrique de Contilly.

Mademoiselle de Guéroult lui donna deux fils : 1° Jacques-René, né et baptisé à Montgaudry le 30 août 1753, décédé à Saint-Aubin-des-Grois et inhumé en cette paroisse, le 28 avril 1754, et 2° Pierre-Jacques, né à la Fontenelle (1) le 11 octobre 1755 et baptisé le 13, à Contilly. Après avoir suivi les cours du collège royal de La Flèche, il devint page de la reine, puis officier au régiment de Noailles-dragons.

IX.

JEAN-JACQUES DE GUÉROULT, écuyer, dernier seigneur de la Fontenelle, où il vint au monde le 21 janvier 1721, épousa

(1) Dans ses *Recherches sur les Sires de Tilly*, M. E. de Bonnemain place à tort la Fontenelle en Contilly.

Marie-Louise de Nugent. Le 13 janvier 1777, par acte passé en l'étude de Me Durand, notaire à Mamers, il fonda, en faveur de la fabrique de Contilly, une rente de 10 l. qui ne fut abolie qu'après 1834, et mourut (1) à Montgaudry le 27 novembre 1798, ayant eu cinq enfants, qui sont :

1° *François-Louis*, marié à Boulogne, avec Thérèse d'Orington, qui le rendit père de Marie-Jeanne-Barbe-Aglaé, née à la Fontenelle le 22 octobre 1791 et tenue le même jour sur les fonts baptismaux de Contilly par Jacques de Guéroult, son grand-père, et Barbe-Louise d'Orington, sa grand'mère.

2° *Jacques-Jean-Louis*, mort, âgé seulement de deux ans, et enterré à Montgaudry, le 28 août 1752.

3° *Marie-Jeanne*, qui ne vécut aussi que deux ans et reçut la sépulture à Contilly, le 6 avril 1756.

4° *Marie-Madeleine*, née le 16 juin 1756.

5° *Charlotte-Louise-Françoise*, née le 25 novembre de l'année suivante.

BRANCHE DES DE GUÉROULT, SEIGNEURS DE SAINT-LOUP.

I.

JEAN DE GUÉROULT, écuyer, seigneur de Malnoë, à Marollette, et de Saint-Loup, à Louzes, fils de Pierre de Guéroult et de Madeleine des Loges, qui hérita de Saint-Loup, par suite du décès de François de Saint-Loup, son premier époux, achète en 1656, de Jacques de Perot, le fief de la Locherie, en Beauvoir, qu'il cède à Mathieu Caillard d'Aillières, sieur de la Jeudière, dès le 2 février 1661 (2). Il

(1) Son acte de décès fut rédigé par Me Jean-Charles Duval, curé et agent municipal de Montgaudry.

(2) Cf. *Généal. de la maison d'Aillières*, p. 232, en note.

épousa *Marie de Gaubert*, aliàs *de Gobbé* ou encore *de Jobbé* (1), et reçut la sépulture en l'église de Contilly, à l'âge de 80 ans, le 18 septembre 1676.

De cette union sont issus :

1° *Pierre*, dont l'article suit.

2° *Jacqueline*, épouse de Guillaume ou Gilles du Mouschet, écuyer, seigneur de Monthimer, à La Perrière, et de la Guillemottière, aux Aulneaux, fils de Louis du Mouschet, dont elle eut : 1° Jacques, écuyer, sieur de Monthimer ; et 2° Marie-Marthe, religieuse chez les Filles de Notre-Dame, à Alençon, le 14 février 1688.

3° *Jean*, écuyer, sieur de Malnoë et de la Houllée, à Pervenchères. Marie Moreau, qui en était veuve au 28 juin 1688, lui avait donné quatre enfants : 1° Jean, écuyer, sieur de Malnoë ; 2° Marie ; 3° Renée ; 4° Jeanne-Angélique, mariée à Mamers le 28 janvier 1723, avec Pierre de Sancierres, écuyer, sieur des Ardrillers, en la paroisse des Mées.

4° *Jeanne*, ensépulturée dans l'église de Contilly le 5 uillet 1664, ayant eu de René Abot, écuyer, seigneur de Préaux et de Champs, un fils nommé René, mineur en 1667.

II.

Pierre de Guéroult, écuyer, seigneur de Saint-Loup et de la Guillemottière, possesseur des Tesnières, du Hameau, de la Fontaine, du moulin de Saint-Loup et du Tronc-de-Velours, sur le territoire de Louzes, comparaît au ban de la sénéchaussée du Maine en 1689 et y déclare qu'étant âgé

(1) Le 14 juin 1665, en vertu d'un accord passé avec François de Saint-Paul, écuyer, et Nicolas de Lannoy, écuyer, sieur des Chastelers, époux de Marguerite de Saint-Paul, demeurant au Noyer-Ménard, en Normandie, héritiers de Robert de Saint-Paul, écuyer, sieur du lieu. Marie de Gaubert, leur co-héritière, entre en possession de 465 l. qui lui étaient jusqu'alors contestées.

de 57 ans et inhabile au service, il se ferait remplacer par Jean, son fils cadet. Il teste, le 15 janvier 1699, devant Nicolas Tabur, notaire à Blèves, est nommé par édit royal d'avril 1704, capitaine de la ville de Mamers, meurt à Louzes le 21 mai 1709 et y est enterré dans l'église.

Il se maria trois fois : 1° à Teillé, le 1er février 1656,(1) avec *Jeanne du Bosquet*, fille de Jacques du Bosquet, seigneur de Boisclaireau et de Madeleine Le Porc ; 2° le 9 février 1668, avec *Ambroise Chouet* (2), fille de feu Guillaume, sieur de Mirebeau, et de Françoise Aulbin, qui, par testament du 2 février 1689, devant Me Marin Besnard, notaire à Louzes, manifesta le désir d'être ensevelie dans l'église de ce lieu, légua à la fabrique de Monceaux une rente à toujoursmais de 75 l., pour avoir droit à six messes basses chaque année, donna à son mari la somme de 1000 l. qu'il devrait employer en œuvres pieuses, à sa discrétion, laissa tous ses biens à Anselme Chevallier, sieur de Saliders ? demeurant à René, son seul héritier, et chargea Jacques Aulbin, son oncle, sieur de la Brulardière, de l'exécution de ses dernières volontés ; 3° le 30 mars 1698, avec *Simonne Sedilleau*, fille de Mathurin Sedilleau et de Simonne . . . . , veuve de Jacques Moulin, sieur de la Tremblais.

De la première de ces alliances, le seigneur de Saint-Loup eut deux fils :

1° *Jean.*

2° *Jacques*, continuateur de la branche des de Guéroult de Boisclaireau, dont nous parlerons dans un dernier paragraphe.

(1) Etat civil de Teillé.

(2) Ambroise Chouet avait une sœur nommée Claire, mariée à Robert Chevallier, sieur de la Falaise, qui lui donna Alexis, sieur du même lieu ; puis Marie, unie par contrat du 17 novembre 1679, devant le notaire de Louzes, à Claude Marchand, sieur de la Moisière, fils de Jean, avocat en parlement, et de Jeanne Mallet, paroissien de Saint-Jean de Mortagne et beau-frère de Jacques Mallard, écuyer, sieur de la Rue.

III.

Jean de Guéroult, écuyer, seigneur de Saint-Loup, épouse, par contrat du 10 avril 1691, signé en l'étude de François Lemère, notaire à Blèves, *Louise de Mésange*, de la paroisse des Ventes-de-Bource (1), fille de Paul, écuyer, sieur de Saint-Germain, demeurant à Coulonges, au château des Vallées, et de feu Louise d'Arlanges. Il apportait en mariage 300 l. seulement, que son père lui donnait, tant en argent qu'en meubles, en avancement d'hoirie. La dot de la future était de 800 l.

Jean de Guéroult qui fixa sa résidence aux Ventes-de-Bource, fit bail pour 230 l., le 22 octobre 1724, des bordages de la Fontaine et du Tronc-de-Velours.

Il eut sept enfants (2) :

1° *Louis-Auguste*, dont nous parlerons au n° IV.

2° *Jean*, écuyer, sieur du Boisgervais, aux Ventes-de-Bource, des Tesnières et du Hameau, demeurant à Cuissai (3), en Normandie, en 1730.

3° *Pierre*, qualifié écuyer, sieur de la Vente.

4° *René*, écuyer ; 5° *Madeleine* et 6° *Jeanne*, dont nous ignorons la destinée.

7° *Renée-Françoise*, unie par contrat du 8 mai 1724, passé à Varaville (4), devant Lapye, à Pierre-Armand de Tilly, écuyer, sieur de Prémarais, d'abord page de Louis XV, puis capitaine de dragons, né à Petiville le 22 octobre 1696, de Henri, sieur de Prémarais, et de Suzanne de Vallée, demeurant, en 1725, à Vidai, où il possédait la Guilloisière, et un peu plus tard, à Semallé.

(1) *Ventes-de-Bource* (Les), com. du cant. du Mesle-sur-Sarthe, Orne.

(2) De ses rapports illégitimes avec N. Froger, il eut encore une fille nommée Jeanne de Guéroult, née à Beauvoir, le 20 janvier 1721, et morte à Louzes, le 25 avril de la même année. — Etat civil de ces deux communes.

(3) *Cuissai*, com. du cant. d'Alençon.

(4) *Varaville*, com. du cant. de Troarn, en Calvados.

De cette union sont issus :

A. *Pierre-René-François-Anne*, qui épousa Jacqueline-Madeleine de Guéroult, comme nous l'avons dit déjà.

B. *N...*, enterrée à Louzes le 23 janvier 1725, âgée de sept jours seulement.

C. *N...*, sœur jumelle de la précédente, et ensevelie avec elle, le 25 janvier.

D. *Jacques*, chevalier, marquis de Tilly-Prémarais, seigneur de la Tournerie, d'abord chevau-léger de la garde du roi, puis son conseiller et sénéchal d'épée de la sénéchaussée et siège présidial de Beaumont-le-Vicomte, né à Semallé le 20 juillet 1734. Il épousa en premières noces, Anne-Suzanne-Madeleine Le Bourdais de Chassillé (1), morte en la paroisse du Crucifix le 16 août 1761 ; et en deuxièmes noces, par contrat du 14 août 1776, devant Grignon, notaire à Souligné-sous-Ballon (2), Jeanne-Antoinette-Jacquine Amellon de Saint-Cher, fille de Jacques et de Charlotte des Deniaux. Il en eut Jeanne-Renée-Jacquine et Louis-Stanislas-Xavier, nés à Beaumont-le-Vicomte, les 12 mai 1777 et 10 juin 1778.

E. *René-Louis*, chevalier, seigneur du Mesnil, de la Maunière, à Notre-Dame-des-Champs et de Quincé, brigadier des gardes du corps du roi, chevalier de Saint-Louis, né à Semallé le 22 octobre 1736. Il contracta alliance le 30 janvier 1765, avec Anne-Perrine Champion de Quincé (3), fille de Pierre-René Champion, médecin au Mans, et de Anne-Elisabeth-Catherine Riffault, qui lui donna René-Pierre-Charles-Antoine, né à Neuvillalais le 17 février 1766, tué en Vendée en 1779 ; N...., qui servit à l'armée de

(1) *Inv. des Minutes anc. des notaires du Mans*, VI, 132.

(2) Le mariage religieux fut célébré à Beaufay le 9 octobre 1776.

(3) *Inv. des Minutes anc.*, II, 208.

Condé, de 1791 à 1794, et sous le comte de Frotté, en Normandie, de 1796 à 1799; et Anne-Henriette-Françoise, née le 2 juillet 1771. Il défendit les Tuileries le 10 août et mourut en prison, sous la Terreur.

F. et G. *Renée-Françoise* et *Louise*, vivant à l'époque du mariage de René-Louis, leur frère.

IV.

Louis-Auguste de Guéroult, écuyer, seigneur de la Giroudière, possesseur de la Fontaine, Frisleux, la Branche-Torse et autres fermes à Louzes, s'unit en cette paroisse le 11 février 1727, à *Marie-Marguerite de Barville*, fille de feu Joseph et de Marie Fouet, enterrée dans l'église de Louzes le 21 août 1734, par Me de Bastard, curé de Blèves.

Sont nés de leur mariage (1) :

1o *Marie-Jeanne*, venue au monde le 6 janvier 1728. César du Hay, écuyer, son époux, en eut Jacques du Hay, mort à Louzes le 15 mai 1774, à l'âge de douze ans.

2o *Louis-Antoine*, qui suit :

3o *Renée-Françoise*, née le 25 mars 1733.

V.

Louis-Antoine de Guéroult, écuyer, seigneur de la Giroudière, né à Louzes, le 24 avril 1729, y décéda le 18 avril 1787 et fut enterré « au pied de la croix boissée ».

Le 8 août 1754, il avait vendu le Tronc-de-Velours à François Le Comte, marchand aux Aulneaux, moyennant 2548 l. et le lendemain, avait échangé avec Mathurin Le Gendre, son bordage de la Tesnière, contre un taillis joignant Frisleux.

(1) Le seigneur de la Giroudière imitant le triste exemple offert par son père, eut de Marie Bugleau, un fils appelé Marin, né à Roullée le 23 août 1735.

Françoise de Glapion (1), sa veuve, originaire de Sainte-Scolasse-sur-Sarthe, convola en secondes noces le 2 octobre 1792, bien qu'étant alors âgée de 60 ans, avec Charles-François Thorin, son domestique, qui n'en avait que 27. Elle mourut le 17 mai 1797, à la Grande-Maison, au bourg de Louzes, sa résidence depuis vingt-quatre années.

De son union avec le sieur de la Giroudière était née *Jeanne-Marie-Louise-Françoise de Guéroult*, baptisée aux Ventes-de-Bource le 24 avril 1768 et mariée à Louzes, le 11 janvier 1785, avec *François-Auguste de Château-Thierry*, écuyer, seigneur de Beaumanoir, fils des défunts François-Ambroise, ancien mousquetaire, chevalier de Saint-Louis et de Catherine-Renée de la Touche.

Ils eurent : François-Nicolas, né à Louzes, le 24 décembre 1785 et Jeanne-Françoise-Charlotte, née au même lieu le 20 mai 1787.

Branche des de Guéroult, seigneurs de Boisclaireau.

I.

Jacques de Guéroult, chevalier, seigneur de Boisclaireau, à Teillé, deuxième fils de Pierre et de Jeanne du Bosquet, comparut au ban et arrière-ban de la sénéchaussée du Maine en 1689, et de son mariage contracté le 6 novembre 1684 avec *Marguerite Sevin*, fille de Jean, sieur des Landes, et de feu Marguerite Davoust, eut neuf enfants :

1° *Marie-Madeleine*, morte à Mamers, le 24 juillet 1733 et inhumée le lendemain, dans le chœur de l'église de Marollette,

(1) La famille de Glapion qui descendait de Varin de Glapion, grand sénéchal de Normandie, en l'an 1200, s'expatria et se fixa aux colonies. Le dernier de ses descendants revenu en France, est mort propriétaire du château de la Vove, dans l'Orne. — *Le Plantis*, par Charles Vérel.

où fut également déposée le 2 avril 1757, la dépouille mortelle de Jacques de Portebize (1), l'aîné, son époux, écuyer, seigneur de Marollette, décédé la veille à l'âge de 62 ans. Leurs six enfants, tous nés à Marollette, sont : N....., enterrée à Beauvoir le 22 août 1727 ; Pierre, chevalier, licencié ès-lois, né le 11 décembre 1724, successeur de son oncle comme curé de Chérancé, reçu chanoine honoraire du Chapitre collégial de Saint-Pierre-de-la-Cour vers 1780 (2), Alexandre-Jean, né le 19 août 1727 ; Jean-Jacques, né le 12 mai 1729, inhumé le 31 du même mois dans l'église de Marollette ; Marie-Madeleine-Jacquine, née le 21 septembre 1730 ; Paul, né le 16 juillet 1733, capitaine de milice en 1753, ensépulturé dans l'église de Marollette le 18 novembre 1766.

2° *Marie-Louise-Jacqueline*, épouse de François de Fleuriel, sieur de la Girondière.

3° *Jeanne*, demeurant à Mamers en 1730, avec François-Nicolas d'Avesgo, écuyer, seigneur d'Appenay, son mari.

4° *Marguerite*, qui contracta alliance avec Jacques du Mouschet, sieur de Monthimer.

5° *Jacqueline-Françoise*, mariée à Mamers, le 27 novembre 1727, à Pierre-Alexandre du Mesnil, écuyer, sieur de Villiers.

6° *Louis*, chapelain de N.-D. de Toutes-Aides, à Saint-Rémy-du-Plain, en 1722, curé de Teillé, de 1730 à 1765 (3).

7° *François*, écuyer, diacre au collège du Mans, à Paris, en 1715, curé de Chassé, puis de Chérancé, à partir du 23 août 1718 et titulaire de la chapelle de Notre-Dame desservie dans l'église de cette paroisse, admis comme chanoine

(1) Jacques de Portebize se maria en secondes noces avec Marie-Thérèse Duval de Bassières, décédée à Marollette, à l'âge de 70 ans, le 21 février 1753. Son frère, Jacques, le jeune, s'unit à Geneviève Chauvin. — Etat civil de Marollette.

(2) Arch. dép. G 512.

(3) *Semaine du Fidèle*, I, 427, V, 647.

prébendé de Saint-Julien en 1754, mort subitement au Mans le 4 février 1768, à 77 ans et inhumé le lendemain dans la nef de la cathédrale. Son titre sacerdotal de 50 l. lui avait été assigné par son père, le 20 mars 1717, sur la métairie de Champ-Robert à Gesnes.

Sa mère décéda en son presbytère le 18 septembre 1741, à l'âge de 78 ans et reçut la sépulture devant l'autel de la Vierge, en l'église de Chérancé (1).

8° *Ignace-Paul*, dont l'article suit.

9° *Pierre-Jacques*, baptisé à Teillé le 25 mars 1708.

II.

IGNACE-PAUL DE GUÉROULT, écuyer, seigneur de Boisclaireau, né le 19 août 1705, capitaine aide-major au régiment de Tresnel-infanterie (1741), premier capitaine de grenadiers au même régiment, avec le titre de chevalier de Saint-Louis (1751), prit part à la désastreuse guerre de Sept-Ans, en qualité de chef de bataillon au régiment de Brancas-infanterie, commanda un autre bataillon à l'armée du Hanovre, fut fait maréchal de camp, commandeur de l'ordre royal et militaire de Saint-Louis et nommé gouverneur de l'île d'Oléron, où il mourut, en la paroisse Notre-Dame-du-Château, le 22 janvier 1781.

Il s'était marié à Teillé le 4 mars 1743, avec *Marie-Marguerite Bouttier de Gémarcé*, née au Mans, paroisse Saint-Nicolas, le 31 août 1720, de Guillaume, avocat au présidial de cette ville et de Marie-Renée Bougard, décédée le 5 juin 1787, dans l'hôtel qui devint le presbytère de Saint-Julien.

De cette union naquirent trois enfants :

1° *Marie-Marguerite*, née le 28 janvier 1751.

2° *Marie-Renée-Gervaise*, née au Mans le 23 février 1758, mariée en l'église Saint-Vincent, le 14 mars 1775, avec

(1) *Ins. ecclés. — Mém. de la Manouillère*, I, 6.

Pierre Le Febvre de Graffard, seigneur de Sarceaux, « grand « et bien fait », âgé de 36 ans, lieutenant dans les carabiniers, originaire de la paroisse Saint-Germain d'Argentan.

3° *Guillaume-Jean-René*, comte de Boisclaireau, servant dans le régiment du roi, en février 1781. C'est un « très « bon sujet, qui fera sûrement son chemin » dit le chanoine dans ses *Mémoires* (1).

A son retour d'émigration, le comte de Boisclaireau racheta son château, vendu comme bien national, de M. Regnier de la Ronce, notaire à Beaumont. Il fut plus tard nommé député de la Sarthe et mourut à l'âge de 80 ans, le 2 février 1835, sans avoir eu d'enfant, de son mariage avec Adélaïde-Joséphine-Bernardine Bayard, décédée à Teillé, le 27 septembre 1837.

Nous avons tenu à continuer la généalogie des de Guéroult (2), à cause des relations qu'ils conservèrent avec la noblesse de Contilly et des environs, mais depuis longtemps ils ne possédaient plus la Noirais qui était passée, dès la fin du XVIIe siècle, aux mains de Me DENIS GOUEVROT, conseiller du roi, président en l'élection du Perche, mort avant février 1702 et qui eut, de *Marie-Anne de Marguerie* (3), de la maison des seigneurs de Fortmesnil et Marollette :

1° *Louis*, qualifié sieur de la Noirais, marié : 1° à Nogent-

(1) *Mém. de la Manouillère*, I, 6, 216 ; II, 3, 153.

(2) Il nous a été impossible d'identifier Gabrielle de Guéroult, mariée à Contilly le 26 février 1647, avec Mathurin Mallard, écuyer, sieur du Parc et des Maignens, au profit de laquelle Ambroise du Thorel, épouse de Julien Le Simple, signe une reconnaissance de 1500 l., le 15 octobre 1659.

(3) Catherine de Marguerie, sa sœur, inhumée dans l'église de Marollette le 4 février 1708, épousa Jacques de Portebize, dont elle eut une fille, née en la dite paroisse le 9 août 1703 et enterrée sous le banc de famille, le 25 février 1706.

Le 22 avril 1687, devant Gervais Le Roux, notaire à Contilly, Julien Oger, marchand en ce lieu, loue une maison sise rue Notre-Dame, à Mamers, pour 25 l. par an, à Catherine de Guyart, veuve de Jacques le-Bernard, le 12 juin 1700, avec Marguerite du Rousseau, fille de Jean, sieur d'Harbouville et de Gabrielle de la Rivière ; 2° à Bellême, le 6 mai 1704, avec N..... Petitgars. Il établit sa résidence à Saint-Cosme-de-Vair (1).

2° *Jean*, seigneur de Blandé, conseiller du roi, président à l'élection de Mortagne, uni à Marguerite-Thérèse Peuvret.

3° *Marie-Jeanne*, dite demoiselle de la Noirais, mariée (2) par contrat du 17 juin 1715, signé à Mamers, avec *Louis-René de Fontenay*, chevalier, seigneur de Survie, la Bretonnière, Saint-Aubin, Boisserant, fils de René, seigneur de Saint-Hilaire, et de Marie-Madeleine de la Mondière, alors âgé de 22 ans.

Marie-Jeanne Gouevrot qui avait la garde de ses enfants mineurs en 1723, reçut aveu le 31 janvier 1742, de Me Siméon du Bois, curé de Contilly, pour les champs du Petit-Sainfoin et des Chesnots, appartenant à la fabrique et relevant de son fief, à charge de 2 s. 2 d. et d'une poule de rente, payable chaque année au jour de la saint Rémy.

Elle eut de M. de Fontenay : 1° *René-Denis*, écuyer, seigneur de Survie, la Bretonnière et Saint-Aubin, baptisé à Bellême le 26 mai 1716, reçu page du roi en sa grande écurie en 1730, nommé d'abord lieutenant au régiment de Mailly-infanterie, puis lieutenant des Maréchaux de France, à Mortagne, en 1758 ; 2° *Jacques-René*, chevalier, seigneur de la Bretonnière et des Guillets, tenu sur les fonts du baptême à Contilly, le 1er mars 1722, par Jacques-Jérôme du Signet, sieur du Plessis, et Renée Huchereau de Monhinot, épouse de Jean-Joseph de Fontenay, chevalier, sei-

de Marguerie, peut-être le même que Jacques de Marguerie, marié à Catherine de Verdelay, au 1er décembre 1666.

Jacques-Nicolas de Marguerie, capitaine au régiment de Foix, conclut alliance à Mamers, le 12 mai 1699, avec Gabrielle-Angélique d'Eu, fille de Pierre, seigneur de Chédouet, à La Fresnaye.

(1) Cf. *Monogr. de Saint-Cosme*, pp. 129-130, et *La terre des Landes*, par M. de la Jonquière, p. 12.

(2) Le mariage fut célébré en l'église Saint-Sauveur de Bellême, le 6 août 1715.

gneur du Tronchet ; 3° *Marie-Jacques-Louis-Hilarion*, reçu garde de la marine en 1757, réfugié en Hollande, pendant les troubles révolutionnaires ; 4° *Louise-Marie-Jeanne*, mariée en 1752 à Jacques du Mouschet, seigneur de Monthimer ; 5° *Jean-François*, né en 1719 ; 6° *Jérôme*, âgé d'un an en 1723 ; 7° et 8° deux filles reçues à la maison de Saint-Cyr en 1751 et 1755.

Il est probable que ces enfants vendirent la Noirais et le Boulay, à la mort de leur mère.

Quoi qu'il en soit, ces terres appartenaient en 1759 à *Anne de Ballon-Berry*, dame de Ponthouin, veuve de *Jean Lemoine*, sieur des Sablonnières, en son vivant conseiller du roi, son procureur au grenier à sel de Mamers et officier de Madame la Dauphine. Elle reçut des aveux des curés de Contilly, en 1788 et le 28 mai 1789 (1).

Le sieur et la dame des Sablonnières eurent comme enfants : 1° *Charlotte-Marie-Anne*, femme en premières noces de Jacques-Etienne Balavoine de Vaux, chevalier, président-trésorier-général des finances de France et grand voyer en Normandie, au bureau des finances, chambre des domaines et voyrie de la généralité d'Alençon, père de Jean-Baptiste, baptisé à Mamers le 7 février 1771, et en secondes noces, de Guillaume-Joseph Pellisson de Gennes, seigneur du Boulay, bailli du Sonnois et futur député du Tiers-Etat (2) ; 2° *Barbe-Antoinette*, baptisée en la même ville, le 8 septembre 1749, ne vivant plus en 1766, et 3° *Jean*, sieur des Sablonnières, bourgeois de Mamers en 1766.

(1) Arch. dép. G 800.

(2) Pierre Pellisson de Gennes, sieur de la Roulière, président-bailli, lieutenant-général de police, à Mamers, fils de feu Pierre, capitaine-lieutenant de la prévôté de l'Hôtel et grande prévôté de France, épousa à Mamers, le 14 juin 1752, Elisabeth-Françoise de Guéroult, veuve de Ambroise Maignée, gentilhomme de la grande fauconnerie du Roi.

BEAUREPAIRE

Beaurepaire, aujourd'hui simple ferme, située à quatre kilomètres du bourg, un peu à gauche de la route conduisant à Blèves, appartenait le 22 septembre 1477 à JEHAN DE LA JOUYÈRE, prêtre, que nous voyons signer, à cette date, la ratification par Michelle Carel, du contrat de mariage de Robert de Frébourg, son fils. En sa qualité de titulaire de la chapelle perpétuelle de Saint-Laurent, fondée le 11 avril 1453 par feu noble dame Jehanne de Tucé, en la chapelle curiale de Saint-Bertran de Tucé, il rend aveu le 23 octobre 1492, à Beaudoin de Tucé, seigneur du lieu, Bouères, Courtilloles, etc., pour son habitation de la Pinardière, au bourg de Tucé, avec droits de four, pacage, panage et chauffage en dépendant, le tout chargé de deux messes par semaine et de 2 deniers tournois de cens chaque année (1).

Le 29 juillet 1506, noble homme JEHAN DE LA JOUYÈRE, écuyer, seigneur de Beaurepaire, fils et principal héritier de JEHAN DE LA JOUYÈRE, en son vivant écuyer, seigneur du lieu, exhibe aux assises de la Gastine un contrat passé entre son père et Robert de la Jouyère, touchant la métairie de la Jouyère et le bois nommé Lougnart, avec une transaction signée de Guillaume de la Jouyère et André de Varenday. Les 13 août 1511 et 16 juin 1519, il y jure foi et hommage simple pour Beaurepaire.

Le 10 février 1522, JACQUES GUYON rend aveu à la Gastine pour le même endroit, dont il a hérité au décès de MARGUERITE DE LA JOUYÈRE, sa mère, fille de feu Jehan, et y paye le rachat dû à cause du trépas de son beau-père.

CLAUDE DE MORÉ, écuyer, est dit à son tour seigneur de Beaurepaire, au commencement du XVIIe siècle.

Le 14 novembre 1630, FRANÇOIS DE MORÉ, écuyer, son

(1) Archives de la Sarthe E 3/78, dossier 1, E 3/86, n° 542.

fils et héritier, dont la garde-noble était confiée à Pierre de Guéroult, seigneur de la Noirais, à cause de Marguerite Damyot (1), son épouse, fait transport d'une somme de 60 l. sur Toussaint Cloputre, sieur de la Rivière, fermier de Beaurepaire, au profit de Me Pierre Le Febvre, procureur de la Cour du Parlement de Paris, acceptant par l'entremise de Me Robert Tellier, avocat, sieur de la Bretonnière.

Daniel de Moré, qualifié seigneur des Dames, à Pervenchères, et de Beaurepaire, eut une fille, Renée de Moré, qui contracta alliance avec Antoine de Barville, écuyer, sieur de Barville et des Bois, aux Aulneaux, fils de Gallois, seigneur des mêmes lieux et de Renée de Carion.

Le 20 janvier 1650, Antoine de Barville, devenu seigneur de Beaurepaire, à cause de son mariage, et Gallois de Barville, seigneur de la Gastine et de Chanceaux, héritiers de feu Me René de Barville, écuyer, curé des Aulneaux (2), arrêtent les comptes tenus par ce dernier, comme tuteur de Guillaume, leur frère, en son vivant, écuyer, paroissien de Contilly, seigneur de la Haie-Boisdé, située en la commune des Aulneaux.

Devenu veuf de Renée de Moré, Antoine de Barville convola en secondes noces avec Renée de Surmont, et ils firent ensemble de nombreuses acquisitions, au nombre desquelles, celles d'une maison au lieu de la Semondière, cédée pour 15 l. par Ephraïm Macé, sieur des Sablons, praticien aux Aulneaux (15 février 1663) ; du pré Panon, joignant le chemin des Aulneaux au Haut-Chemin, vendu par Guillaume Boisselet, moyennant 45 l. (6 mars 1663) ;

(1) Noble demoiselle Françoise Damyot qui fut marraine, à Contilly, le 29 mai 1645, était peut-être la sœur de la dame de la Noirais.

(2) Le successeur de Me de Barville, à la cure des Aulneaux, fut Me Pierre Coutelle, qui prit possession, le 27 août 1649, en présence de Me Jacques Milsent, clerc, étudiant, de Contilly.

de 50 l. hypothéquées sur Jean Dasye (1), écuyer, sieur du Buisson, et François-Marquis Dasye, aussi écuyer, seigneur de l'Etang et de la Ferrière ; de 1000 l. à prendre sur René de la Tousche, sieur de l'Isle, avec 700 l. à percevoir de Louise de Fouart, veuve de François Martel, seigneur de Montpinson, le tout acquis de Guyonne-Marie de la Tousche, qui en avait hérité de feu René de la Tousche, écuyer, sieur du Parc (6 mai 1663) ; enfin, de 550 l. abandonnées par Charles du Val, seigneur de la Ligeardière, et qui pourront être prélevées sur Pierre de Surmont, seigneur du lieu, époux de Françoise Le Coutelier, Jacques-Charles de Bouju, écuyer, sieur de Courgeon, mari de Marguerite Le Coutelier, demeurant à Ceton, en son logis des Chapelles, et Louis de Barville, sieur des Aunais, de la paroisse de Boissy-Maugis (17 mai 1683).

De son dernier mariage, le seigneur de Beaurepaire eut trois enfants :

1° *Antoine*, dont nous parlerons plus loin.

(1) Jean Dasye, né aux Aulneaux, de l'union de Nicolas, écuyer, sieur du Buisson, avec Marguerite de Saint-Loup, épousa en premières noces Catherine Tizon avec laquelle il demeurait à Saint-Julien-sur-Sarthe en 1664 ; et se remaria par contrat du 18 juillet 1677, devant François Lemère, notaire à Blèves, avec Marie Mellenger, fille de Jacques, de Nuillé-le-Vendin, qui lui apportait le lieu de la Rouzière et une maison, au village de la Croix, en cette paroisse, 300 livres en argent « une vache à poil rouge estimée 20 l., 6 brebis à laine estimées 12 livres, 6 draps, etc... » Il résidait à cette époque, à la Bocquinière, en Roullée.

François-Marquis Dasye, son frère, habitant de Pervenchères, convola en secondes noces avec M... du Grenier, veuve de Antoine de Saint-Loup, qui lui donna Charles Dasye, écuyer, sieur de la Ferrière, en 1701.

Jeanne Dasye, leur sœur, qui mourut à la Jubaudière, aux Aulneaux, en 1660, avait épousé Me Michel Rottier, sieur des Patties, apothicaire, dont elle eut Jacques et Antoine Rottier.

Gilles-Joseph Dasye, écuyer, était seigneur de la Ferrière, à Pervenchères, en 1676 ; et, en 1689, Françoise Dasye avait pour époux le sieur de la Bédellerie.

2° *René-Gilles*, écuyer, seigneur de Barville, et de la Jubaudière, aux Aulneaux, prévôt de la Charité de Contilly en 1687.

En qualité d'héritier de ses défunts parents, le 3 janvier 1694, il se reconnaît débiteur de 20 l. de rente, au profit de François de Boyville, sieur de Germanié, de la ville d'Alençon, époux de Elisabeth du Val, fille et héritière de Thomas du Val. Le 6 avril 1703, il cite Mathurin Robert, sieur du Boullay, devant les juges de la châtellenie de Pescoux, pour le faire condamner à lui laisser libre jouissance de la Pagerie ou des Grands-Herbages, à Roullée, qu'il avait acquise des héritiers de feu Mathurin Robert, aussi sieur du Boullay ; vend, le 15 novembre suivant, à Me Charles Hurel, prêtre d'Avennes, la métairie du Champ-Petit, à Saint-Julien-sur-Sarthe, qu'il avait achetée pour 1450 l., le 25 février 1689, de Charles Dasye, écuyer, sieur de la Ferrière et de Françoise Dasye ; puis, en la même année, baille à ferme le lieu de la Coudre, aux Aulneaux, et le 12 juillet 1705 loue le bois de la Forte, à Pervenchères, par acte qu'il ne put signer, « attendu la » maladie qui est tombée sur sa main droitte ». Il mourut à la Jubaudière, où fut dressé l'inventaire de ses biens le 17 septembre 1705, sans laisser d'enfant de son double mariage avec Renée de Surmont, sa parente du côté maternel, fille de Antoine, écuyer, seigneur de Brustel, et de Guyonne-Marie de la Tousche, et avec Anne de Courtalvel, qui testa en 1708, donnant à la cure et à la fabrique de Douillet-le-Joly une rente de 110 l., affectée sur sa terre de Corbon (1).

Renée de Surmont avait, elle aussi, dicté son testament, le 5 février 1686, devant Me Besnard, notaire à Roullée, exprimant le désir de recevoir la sépulture dans la chapelle de Notre-Dame-de-Pitié, aux Aulneaux, en présence des confrères de la Charité de Contilly ; léguant une rente

(1) Archives départementales, G 817.

de 51 l. 10 s. à cette chapelle, pour célébration de deux messes par semaine et d'une messe chantée, au jour anniversaire de son décès, et délaissant à son époux 600 l., à prendre sur la totalité de ses biens, sans déroger au don mutuel qu'ils s'étaient fait.

3° *Renée*, mariée par contrat du 12 octobre 1683, devant Lemère, notaire à Blèves, avec René de la Tousche, écuyer, seigneur du lieu, fils aîné de René de la Tousche (1), écuyer, sieur de l'Isle et de feu Renée Bordin. Le futur avait un apport de 300 l. de rente, et la future recevait de ses parents un capital de 6000 l.

Le 25 avril 1692, Renée de Barville fait inventorier les meubles laissés par son défunt époux au château du Douet, en Saint-Paul-le-Vicomte et, le 25 juin 1693, par contrat passé à Blèves, en l'étude de Jacques Tabur, convola en secondes noces avec René de Brunet, chevalier, seigneur du Douet, chevalier des ordres militaires du Mont-Carmel et de Saint-Lazare de Jérusalem, tant deça que delà les Mers, commandeur de Monthoult, fils de défunt Jean, seigneur de Rigours et de Rouilly et de Anne Martel, veuf de Léonore de Guilbert, demeurant à la Commanderie, en Bursard (2).

Elle dépose son testament chez Me Etienne Chènevière, notaire à La Fresnaye, le 30 juin 1698, et peu de temps après rend son âme à Dieu, laissant de sa première union : René de la Tousche, écuyer, sieur de l'Isle et Marie-Anne de la Tousche, âgée de 17 ans, le 16 mai 1707, date à laquelle elle signe son contrat de mariage devant Pierre Davay, tabellion à Blèves, avec François Le Coutelier, écuyer, sieur du Jardin et de Bonnebos, à Roullée, capitaine au régiment de Vivarais, demeurant habituellement

(1) René de la Tousche était remarié à cette date à Madeleine du Val.

(2) *Bursard*, com. du cant. du Mesle-sur-Sarthe.

au Ménil-Erreux (1), en compagnie de René Le Coutelier, son père, veuf de Catherine de Brunet.

Antoine de Barville, écuyer, seigneur de Beaurepaire et des Bois, prend part le 17 juillet 1667, à l'assemblée des habitants des Aulneaux, convoqués par leur procureur, pour délibérer sur les moyens à prendre « pour avoir un « vicaire, affin de satisfaire plus religieusement aux com- « mandements de l'Eglise, en ce qui regarde l'audition de « la sainte messe, aux festes et dimanches de l'année et « participer au mérite de chasque sacrifice », et s'engage en cette circonstance, à l'exemple de Gallois de Barville, seigneur de la Gastine, à verser 15 l. par an à la fabrique. Il mourut à Contilly le 10 juillet 1703, à l'âge de 57 ans, et fut inhumé le lendemain dans le chœur de l'église Saint-Pierre des Aulneaux, en présence d'un clergé très nombreux et de quatre Confréries de charité.

Marguerite de Barville, sa femme, fille de René, seigneur de Saint-Germain et de Anne de Puisaye, avait consenti, le 16 octobre 1696, avec Pierre de Barville, écuyer, sieur de la Bonneville (2), demeurant à Villaines-la-Carelle, et

(1) *Le Ménil-Erreux*, com. du cant. du Mesle-sur-Sarthe.

(2) Pierre de Barville avait 36 ans, lors de sa comparution, en 1689, au ban et arrière-ban de la sénéchaussée du Maine, où il déclara qu'il était disposé à servir, mais moyennant pension, car la saisie de ses biens faite à Essai, l'avait réduit à la misère. Pour lui venir en aide, Me Jacques Bommer, curé de Saint-Rémy-du-Plain, donna généreusement le 6 mai 1694, à René-Gaspard, son fils, qu'il avait eu de Hélène de Brossard, une somme de 2400 l., qui devrait d'abord servir à son éducation et dont il aurait jouissance, après avoir atteint sa majorité.

René-Gaspard de Barville, seigneur des Chapelles, à Villaines-la-Carelle, l'un des 200 chevau-légers de la garde ordinaire du roi en 1750, capitaine au régiment de Laval et chevalier de Saint-Louis en 1761, épousa Madeleine Le Charbonnier, fille de Nicolas, seigneur de Champray et de Anne du Clos.

Le 3 juillet 1750, il cède à Me Guillaume-Jacques Le Riche, vicaire d'Avezé, et à Marguerite Le Riche, épouse de François Trouvé, sieur du Pont, demeurant à Saint-Rémy-du-Plain, un jour de terre dans la pièce du Grand-Parc, audit Saint-Rémy, et deux autres jours dans la

Léon de Barville, écuyer, sieur de la Fontaine, ses cohéritiers en la succession de son père, à faire une pension viagère de 24 l., à Marie de Barville, sœur de Saint-Joseph, hospitalière du couvent de Mortagne, et à lui laisser la libre disposition de sa dot, sous condition qu'elle renoncerait à sa part d'héritage. Elle fit bail de Beaurepaire (1), le 1er février 1721, moyennant 230 l., décéda dans sa maison de la Rue-du-Clos le 18 septembre 1724, et reçut la sépulture en l'église de Contilly.

De son union avec Antoine de Barville, elle avait eu huit enfants, nés à Contilly, et qui sont :

1° *Marguerite*, née en 1675, morte le 22 février 1754, sans avoir contracté alliance.

2° *Antoine-René-Alexandre-Jacques*, écuyer, seigneur de Beaurepaire, né le 1er novembre 1676, curé de Chassé (2) à la fin de 1703, ensépulturé au chœur de l'église de cette paroisse le 9 juillet 1729.

3° *Denis-René*, baptisé le 30 novembre 1677.

4° *Pierre*, baptisé le 16 janvier 1679.

5° *René*, écuyer, seigneur de Beaurepaire, présenté au baptême le 16 février 1682, par le curé de Contilly et demoiselle Louise de Bardouf. Il demeurait à Saint-Germain-de-Corbis, près Alençon, le 26 janvier 1716 et fit bail, à cette date, du bordage des Courts-Seillons, pour un prix annuel de 54 l.

6° *Jean*, écuyer, sieur des Bois, baptisé le 14 mars 1684, capitaine au régiment d'Entragues en 1703 et à celui de Chartres en 1713 et 1718. Le 4 août 1758, il reçut la sépul-

Grande-Courbe-Plaine du Gué-Chaussée, pour servir à l'amortissement de 12 l. de rente.

(1) La valeur locative de Beaurepaire avait augmenté de 40 l. depuis 1683.

(2) Il succéda en cette charge à Me Nicolas Chauvière, mort le 10 avril 1703, et fut remplacé par Me Boucher. *Ins. eccl.*

ture en l'église de Contilly, près de Madeleine Godeau, son épouse, qui y avait été inhumée le 20 mai 1747.

7° *Guingallois*, dont nous parlerons à l'article suivant.

8° *Charles*, qui eut comme parrain, le 15 février 1689, Charles de Bouttevillain, sieur de la Gilberdière, avocat à Mamers, et pour marraine, Marguerite Hennequin, épouse du lieutenant-général de la même ville.

Guingallois de Barville, écuyer, seigneur de Beaurepaire, né le 6 décembre 1685, contracta alliance avec *Françoise-Michelle de Buhéré*, dont il eut :

1° *François*, demeurant avec ses parents à Saint-Germain-de-Corbis, en 1756.

2° *Marguerite-Madeleine-Françoise-Michelle*, âgée de 25 ans, lorsqu'elle épousa en l'église de Contilly (1), le 20 janvier 1756, *Michel-Jean de Suhard de Grandmont*, de la paroisse du Mage (2), écuyer, âgé de 26 ans, fils de défunt Michel-Jean de Suhard.

Ils eurent trois enfants, nés à la Rue-du-Clos, qui sont :

A. *Michelle-Jeanne-Marguerite*, venue au monde le 7 novembre 1756.

B. *Charles-François-Michel*, tenu le 25 décembre 1757, sur les fonts sacrés, par Charles-Rodolphe de Godefroy, son cousin, et Charlotte de Suhard, sa tante, laquelle demeurait ordinairement avec ses parents ; il ne vécut que jusqu'au 26 mai de l'année suivante.

C. *Michel-Jean*, né le 4 décembre 1758, inhumé le 6 près de son frère, au cimetière de Contilly.

En 1802, Beaurepaire appartenait à M. d'Erbigny. Son possesseur actuel est M. le comte de Semallé.

(1) Le mariage fut célébré par Me Pierre-Jean Brunet, vicaire de Moutiers, au diocèse de Chartres.

(2) *Le Mage*, com. du cant. de Longni, dép. de l'Orne.

L'AITRE-DARGENT

L'Aître-Dargent, disparu de nos jours, consistait en « cinq fermes de maison, dont l'une avec four et cheminée, « les autres servant de granges et étables, avec les cours, « jardin, issues, clos, l'herbage de la Cour, les champs de « Laistre-Dargent, du Milieu, des Plesses et le pré des « Parchets. » Il était situé entre les chemins de Mamers à Blèves et de Bretignolles à la Cottineraie, et avoisinait le lieu de Beauregard, autrement des Chaillouts, également détruit.

I.

Son premier possesseur connu est GALLOIS DE BARVILLE, chevalier, seigneur de la Gastine, à Louzes, Chanceaux et les Aulneaux, chevalier de Saint-Michel, lieutenant-colonel du régiment de l'Isle-de-France, fils de Gallois et de Renée de Carion, frère, par conséquent, de Antoine, seigneur de Beaurepaire. Il épousa, en l'église de Hauterive, le 7 janvier 1640, *Léonore Le Paulmier*, fille de Laurent, écuyer, sieur de la Rozière et des Loges et de Claude de Meillet (1).

La dame de la Gastine s'étant rendue à Paris pour un procès, y mourut le 22 août 1660, « en la rue de la Hus- « chette à l'Ange. Elle ne fut que quattre jours mallade. Sa « fille aisnée estoit avec elle et elle estoit partie pour aller « à Paris, le 12e jour de mars précédent. Et ledit seigneur « de la Gastine, son mary, arriva à Paris le mesme jour de « son décès, à huit heures du soir, et elle estoit déceddée « sur les huit heures du matin, et elle estoit aagée de qua- « rante-un ans et quelques mois. » Elle fut enterrée le

(1) Etat civil de Hauterive, com. du cant. du Mesle-sur-Sarthe.

lendemain en l'église Saint-Séverin, « vis à vis la chaise du prédicateur ».

Gallois de Barville qui lui survécut jusqu'au 7 novembre 1662, en avait eu :

1° *Marie-Claude*, née à Alençon le 15 janvier 1641, et baptisée le 13 juin aux Aulneaux, par Me Marquis Le Secq, écuyer, curé de cette paroisse. Elle contracta alliance avec Julien Mallard, écuyer, sieur de la Queustière, conseiller du roi, lieutenant civil et criminel au bailliage d'Essai.

2° *Anne*, née à la Gastine le 12 août 1642, baptisée à Louzes le 27 mars 1645.

3° *Françoise*, née à Alençon le 24 novembre 1643.

Anne et Françoise de Barville demeuraient ensemble à Louzes, au lieu de la Tuillerie, le 16 avril 1670, date à laquelle elles baillent à ferme pour 48 l. les Maisons-Neuves, aux Aulneaux ; mais François-Joseph, leur frère, leur ayant vendu l'Aître-Dargent, mouvant de Chanceaux, pour 600 l., le 26 août 1678, elles y allèrent demeurer.

Françoise étant tombée gravement malade, cette circonstance les engagea toutes deux à tester, le 28 novembre 1686 ; puis annulant ce premier acte, elles dictèrent leurs nouvelles intentions le 14 décembre suivant, donnant cette fois tous leurs biens à François-Joseph, en considération de ce que, seul, « par vente de bois et avec les biens dotaux de Anne Rossignol, sa femme, qui ont été entièrement absorbés », il avait acquitté les dettes de leurs défunts parents, ce pourquoi il leur permit de finir leurs jours à l'Aître-Dargent, sans lui en verser le prix d'achat qu'elles n'avaient pu solder jusqu'à ce jour. Il s'engagea même à acquitter en leur nom 150 l. sur lesquelles 39 l. 10 s. étaient dues au curé de Contilly, pour vendition de grain qu'il leur avait faite, « dans leurs extrêmes nécessités ». Anne de Barville ne sachant écrire, l'acte testamentaire ne porte que la signature de sa sœur.

4° *N*..., née à la Gastine le 3 septembre 1645, et ondoyée le même jour. Elle ne fut « jamais nommée », mourut le 17 mai 1648 et fut ensépulturée le lendemain, dans le chœur de l'église des Aulneaux.

5° *François-Joseph*, à qui nous consacrons l'article suivant.

6° *René*, né et baptisé (1) à Louzes les 15 juin et 8 juillet 1648 ; sa dépouille mortelle fut déposée sous le banc familial, au chœur des Aulneaux, le 2 mai 1651.

7° *César*, né à la Gastine le 29 février 1650, baptisé le 19 mars à Contilly, où il eut comme parrain César de Langey, écuyer, seigneur de Pescoux et Bois-Février et, pour marraine, Tassine de Semallé, femme de M. de Bellair. Il reçut la sépulture au même endroit que son frère René, le 9 février 1654.

8° *Gallois*, chevalier, seigneur de Chanceaux, né à la Gastine le 29 novembre 1651, présenté sur les fonts baptismaux de Louzes, le 5 décembre, par Gallois de Barville, sieur de la Lambonnière, son cousin, et Renée de Surmont, sa tante. Capitaine au régiment d'Orléans en 1678, il était lieutenant-colonel à celui de l'Isle-de-France en 1705 et chevalier de Saint-Louis.

9° *Renée*, née à Louzes le 3 mars 1658, morte en 1671.

II.

François-Joseph de Barville, écuyer, seigneur de la Gastine, de l'Aître-Dargent et autres lieux, né à Louzes le 19 avril 1646, y fut baptisé le 27 novembre de la même année, par Me Louis de Fontenay, écuyer, prieur de

(1) Il eut comme parrain et marraine Guillaume Le Febvre, sieur de la Butte, président bailli à Mamers, et Claude Le Paulmier, sa tante.

Louye (1), et eut pour parrain et marraine, François Le Paulmier, son oncle, écuyer, seigneur des Loges, et Jacqueline du Hameau, dame de Frébourg.

Le 2 octobre 1677, procédant au partage des biens de ses défunts parents, avec Anne et Françoise, ses sœurs, et Gallois, son frère, à cette époque, « prest à partir pour « aller à Valence, en Dauphiné, trouver sa compagnie qui « y est en garnison, pour de là s'en aller au service du « Roy », il obtient pour sa part, l'Aître-Dargent, la Tuillerie, s'étendant sur Louzes et Contilly, l'Etang-Saraische, le bois Poitou, l'Etang de la Giroudière, Frisleux, 16 l. de rente sur la Bouteillerie, les Genets, la Feuillardière, la Haye-Boisdé, à Contilly, les Hauts-Champs ou terre de Lunel, les champs Melun, Ricou, Trassard, du Parc-aux-Jousses, la moitié du pré Panon, 13 l. 5 s. de rente sur divers, deux chapons à prélever chaque année sur le bordage de l'Epine, les deux tiers de la Gastine et le moulin de ce lieu, l'Etang-Guimond, le Bois-Feillard, la garenne, l'allée et les fosses du Vieil-Verger, les bois de la Motte et tous les autres se trouvant dans l'enclave de la Gastine, les terrages de Chanceaux et Saint-Loup, la Maison-Neuve et un chemin de bouleaux. Aux puînés sont délaissés par non choix, la terre, seigneurie, domaine et vassaux de Chanceaux « de présent en ruisne », avec les bois, taillis et hautes futaies qui y sont plantés, à l'exception du droit

(1) Louis de Fontenay, prieur de Louye, à La Fresnaye, et ensemble de Saint-Michel-de-la-Villechastre, dès 1632, de Louye et Château-du-Loir en 1657, était fils de Anselme, seigneur de la Heurtaudière, de Soisay et de la Châtellenie et de Marie de la Martellière, dame de la Guyardière, à Pervenchères. En 1646, par devant Saillant, notaire à La Fresnaye, Anne de Fontenay, sa sœur, épouse de Guillaume de la Mondière, écuyer, seigneur de Lignères et de la Cormière, demeurant à Macé, en la vicomté d'Essai, lui vend pour 7000 l. sa part de la Guyardière, qu'ils avaient partagée à la mort de Marie de Fontenay, leur sœur, mariée en premières noces à Claude du Portail, seigneur de Montgazon, et en deuxièmes, avec Jean Guillerm, écuyer, seigneur de Foy.

de terrage sus énoncé, et le moulin des Aulneaux. Mais en réalité cette succession était beaucoup plus onéreuse que profitable, puisque ces derniers prenaient l'engagement d'acquitter 7104 l. de dettes, alors que leur aîné devait rapporter à la masse 157 l. 10 s. de rentes diverses, et une somme de 420 l., représentant le prix de vente du lieu des Boulleaux, à Marguerite Casselin (1). Il était tenu en outre de payer 960 l. aux Religieuses de Notre-Dame d'Alençon, 400 l. au seigneur de Pescoux, 40 l. de rente au profit de Antoine de Barville, son oncle, au chapelain de la Gastine, 900 l. que lui avaient léguées son père, et de restituer 11461 l. 11 s., qu'avait prêtées *Anne Rossignol*, son épouse, fille de Me François Rossignol, procureur au parlement, pour fondation de la Chapelle de la Gastine.

Celle-ci dicta son testament le 16 avril 1687, en présence de Me Marin Besnard, notaire à Roullée, et mourut peu de temps après, laissant dans le plus grand embarras financier François-Joseph de Barville qui, après avoir été obligé, pour éviter la saisie, de vendre pour 300 l. ses récoltes sur pied et de céder Frisleux à Me François Fouet, curé de Louzes, convola en secondes noces avec *Marie Fouet*, sœur de ce dernier (2).

Le 27 novembre 1696, il conclut avec ses enfants, un accord, en vertu duquel, ceux qui étaient issus de sa seconde alliance se partageraient la Gastine, « se consistant en mai-
» son, cour, jardin, douves, fossez, avec le circuit dudit logis,
» les pâturages, la Petite-Vigne, la Petite-Noiraye, l'étang
» de la Grande-Porte, le réservoir, le clos à pépignière du

(1) Marguerite Casselin était la sœur de Me Jacques Casselin, bachelier en théologie, qui, après avoir été curé de Vezot, prit possession de la cure des Aulneaux, le 16 juillet 1666.

(2) Marie Fouet avait une sœur nommée Madeleine, mariée à Louzes, à Marin Duval. Marin Duval, leur fils, se maria, par contrat du 29 février 1711, devant Charles Guilloreau, notaire à Roullée, avec Marie Marye, fille de feu René, sieur de la Renoudière et de Madeleine Guimard, et cousine de Me Luce, curé de Contilly.

» Verger, du Pavillon, celuy proche de ladite pépignière, » les pièces de terre appellées des Houx, du Vieux-Verger, » des Vieux-Guérets, avec les grands prés de la Gastine, le » tout du revenu d'environ 200 l. ; item, la garenne dudit » lieu étant à présent en taillis, du revenu d'environ 10 l. ; » item, les taillis de Bretaignolles, contenant environ 10 ar- » pents, du revenu d'environ 40 l. ; item, l'advenue tendant » au bois de Pescoux et les deux pièces de terre des Ecotres, » du Milieu et du Petit-Bois, dépendant autrefois de la Tui- » lerye, qui contiennent 20 arpents ou environ de la valeur » de 40 l. environ ; item, le taillis de Bois-Feillard, conte- » nant 4 arpents, presque tous à cercle, d'un revenu d'en- » viron 20 l. ; le moulin de la Gâtine, avec le domaine d'ice- » luy, l'étang, rivages et pesches d'iceluy, d'un revenu » d'environ 50 l. ; le fief de la Gâtine s'étendant en Louzes, » Les Aulneaux et Contilly, d'un revenu d'environ 30 l. ; » l'étang de la Motte, rivages et pesche d'un revenu d'envi- » ron 30 l., le fond et propriété de la terre en haut bois, » de la Motte de la Gâtine, contenant 7 arpents, d'un revenu » d'environ 30 l., lorsqu'il sera mis en taillis, ainsi que le » bois qui est sur la pièce du Houx ».

En plus des droits honorifiques en l'église de Louzes, devaient revenir aux enfants du premier lit : La Tuillerie, la Feuillardière, l'herbage du Grand-Parc, les héritages et la grange de Barville, le Parc-Bonhomme, à Viday, un pré aux Aulneaux et l'Aître-Dargent, mais ils seraient tenus de payer 740 l. au sieur Le Rouilly, 1000 l. au prieur de Louye (1), 400 l. à Alexandre Juchereau de la Roiserie-Monhinot, 21 l. 2 s. 6 d. de rente foncière au sieur de Beaurepaire, 180 l. au

(1) Ce prieur était Me Pierre Lévesque, ci-devant conseiller et secrétaire de Jean-Casimir, roi de Pologne et de Suède. Il résigna en faveur de Me François Beauvoir, du diocèse de Paris, chanoine de Saint-Pierre-de-Saveuse, au diocèse d'Amiens, dont la prise de possession est du 21 juillet 1701.

sieur Gouaux (1), de Blèves, 50 l. pour la capitation, y compris celle de Julien de Barville, et 25 l., avec les deux sols pour livres, montant de la taxe de l'arrière-ban où, lors de sa comparution, leur père avait déclaré n'avoir que 150 l. de revenu, toutes charges déduites, et ne pouvoir servir, à cause de son peu de bien et de ses infirmités.

Le 16 novembre 1700, François-Joseph de Barville achète de son beau-frère, le curé de Louzes, une maison située rue de la Cave-aux-Bœufs, à Alençon, joignant celle de Madeleine Fouet, épouse de Marin Chapelier. Il fut enterré le 19 juillet 1702, en l'église de Louzes où le corps de sa seconde femme avait été déposé le 18 juin de l'année précédente.

Trois enfants étaient nés de sa première union.

1° *Jacques*, écuyer, seigneur de Barville et de la Feuillardière, garde du corps de Sa Majesté en 1691, puis commandant de la citadelle de Villefranche, en Roussillon. Il était plongé dans une si grande misère que, Odet de la Tousche, seigneur de Montigny, le menaçait de saisie, en 1692, pour recouvrer le prix du cheval qu'il lui avait vendu à son départ pour l'armée.

Jacques de Barville, céda la Haye-Boisdé à Abraham Caillard d'Aillières et mourut sans postérité.

2° *Julien-René*, écuyer, seigneur de la Gastine, marié par contrat du 30 septembre 1696, devant Tabur, notaire à Blèves, avec Marguerite Le Masson (2), fille de défunt hono-

(1) François Gouaux, sieur de la Croix, brigadier en la compagnie de M. de Martigny, au régiment de Berry, en 1703, était le père de François Gouaux, étudiant au collège de Caen en 1698, et de Françoise Gouaux, épouse, en 1704, de Jacques Legendre, sieur de Glatigny. — Etat civil de Blèves.

(2) Marguerite Le Masson était assistée en cette circonstance, de René Marye, sieur de la Renoudière, son oncle, marchand à la Perdrillière, à Roullée, de Madeleine Guymard, femme de René Marye, aussi marchand et son cousin-germain, et encore de Anne et Renée Marye, de Louzes, ses cousines-germaines.

rable Michel Le Masson, en son vivant marchand, et de Françoise Marye, veuve en premières noces de Me René Auvray, greffier des rôles et tailles de Vidai, office qu'elle céda pour 95 l., le 28 décembre suivant.

Marguerite Le Masson « étant au lit malade », fit appeler Marin Besnard, notaire à Louzes, le 8 février 1697, et lui dicta ses dernières volontés, léguant à la chapelle Saint-Claude de la Gastine 20 l. de rente, sur une maison sise à Mamers, à la charge de deux messes par mois, et laissant à son mari ses meubles et effets mobiliaires, de quelque nature qu'ils soient, ne dépassant pas à l'estimation la somme de 1429 l.

Le 26 mai 1703, le seigneur de la Gastine rend aveu à Perseigne, pour sa ferme des Genets, et demande en même temps à Me Étienne Pissot, religieux de cette abbaye, de lui donner main-levée de la saisie effectuée sur ce lieu par les moines. Il fait bail de la Feuillardière pour 180 l., le 7 novembre 1704 et, le 6 janvier 1706, il appose sa signature au procès-verbal dressé par Jean Bugleau, syndic des Aulneaux, à l'effet de constater qu'au mépris de l'invitation qu'il a régulièrement adressée aux jeunes gens de l'endroit, « pour tirer au sort, comme soldard de milisse, s'est absentée la plus grande partie d'iceux garçons et les présens » n'ont voullu tirer au sort, encore bien que ledit Bugleau » leur aye propossé qu'il allait faire tirer pour les absens, » et qu'en cas que le sort leur tombast, qu'il était prest de les » prendre comme déserteurs et de les conduire au Mans. » Enfin, le 12 mars 1720, il cède au prix de 300 l., le fief de la Sardinière, avec celui et l'hommage de la Gastine, qu'il avait acquis de Gallois de Barville, son oncle, à messire Jean-Baptiste-Gaston Périer, seigneur de la Chevallerie et de Villiers, et à noble René Baril, écuyer.

Marguerite Le Masson fut inhumée dans l'église de Louzes, le 19 décembre 1725 et, quatre jours après seulement, son époux qui n'avait pu supporter ce nouveau malheur, allait la rejoindre dans la tombe.

3° *Juliette-Anne*, mariée le 18 février 1677, à Jacob de Semallé, sieur de Belair, qui, par cette union, devint seigneur de la Gastine.

De son second mariage François-Joseph de Barville avait eu :

1° *Marie-Marguerite*, épouse de Louis-Auguste de Guéroult, seigneur de la Giroudière.

2° *Françoise*, enterrée dans le chœur de l'église de Louzes le 25 avril 1711, à l'âge d'environ seize ans, par son oncle curé de cette paroisse, mais cette sépulture, déclare-t-il, ne s'est faite en cet endroit « que par tolérence et non » par entreprise ny authorité, senchant bien que le seigneur » en est le maistre, et renonçons ma sœur et moy à rien » prétendre dans les honneurs du chœur, mesme sépulture » pour ceux de nostre famille, sinon moy curé, qui m'a » réservé les droits que j'ay en ma calité de curé. »

3° *Renée*, inhumée en la même église le 6 août 1702, à l'âge de cinq ans.

4° *Louise*, qui ne vécut que deux ans et mourut à la Gastine, le 9 août 1702.

5° *François-Pierre-Joseph*, écuyer, sieur de la Giroudière, né à Louzes le 15 juin 1702. Il entra dans les ordres, mais sans recevoir la prêtrise, prit le titre de chapelain de la Gastine (1) à partir du 5 juin 1717, décéda le 31 octobre 1724 et fut enterré au même lieu que ses deux sœurs.

LA RUE-DU-CLOS

La Rue-du-Clos, précédemment appelée *le Verger*, appar-

(1) Il avait remplacé Me François Fouet, en qualité de chapelain et eut pour successeur Me Jacques Lécuyer, prêtre de Mamers.

tenait dès la première moitié du XVIIe siècle, à de riches tanneurs de Mamers, les MERCENT (1).

Le 12 novembre 1644, *Jacques-Nicolas Mercent*, vend pour 1380 l., sa part d'héritage en la succession de *Jean Mercent*, son grand-père, sieur des Cuërets, marchand tanneur, époux de Sainte Noël.

Noble *Jean Mercent*, sieur du Pont-d'Aulne, à Suré, huissier de salle en la maison du roi était marié en 1641 à Madeleine Fleurye, héritière à cette époque de Pierre Fleurye, sieur de la Boullaye.

Pierre Mercent contracta alliance avec Barbe Truelle, qui lui donna *Jean*, né à Mamers, le 14 juillet 1651.

Jacques Mercent, sieur de Lauberdrye, avocat au siège de Mamers, eut de Anne Trouillet : *Pierre Mercent*, né à Mamers, le 8 septembre 1649. En 1700, leurs biens étaient passés par héritage à Madeleine Chenon, femme de René Fouasnon, sieur de la Marre, avocat, procureur au siège de Sonnois, et Louise Chenon, mariée à Pierre Chouin, sieur de la Bajollière, de la paroisse de Chemiré-le-Gaudin.

Demoiselle *Claude Mercent*, femme de Jean Gillet, bourgeois de Paris, délivre quittance de 291 l., le 27 novembre 1654, à Denis de Frébourg, pour amortissement d'une rente constituée par son père, lorsqu'il fit l'acquisition de la Noë-Guillotin, à Contilly.

Marie Mercent, épouse de M. de la Varenne, rend son âme à Dieu, le 4 avril 1659. *Madeleine* était unie en 1671 à Pierre Quelquejeu, sieur de Vignolles. *Catherine*, épousa Me Michel Martin, avocat au Mans. *Anne* était veuve en 1693 de Me Bougis, avocat. *Françoise* avait comme époux en 1703 Me Jean Le Vanyer, sieur de Grandchamps. *François Mercent*, sieur de la Gobillonnière, époux de Marguerite Le Royer, fait bail en 1640, du temporel du prieuré de Mamers, pour 1200 l.

(1) Etat civil de Mamers. Dossier de M. le comte de Semallé.

Noble *Jean Mercent*, son fils, né le 4 novembre 1634, sieur de la Gobillonnière et du Pont-d'Aulne (1), huissier de salle chez le roi, loue la Rue-du-Clos, à Marin Prunyer, de Contilly, le 6 mai 1648, sous réserve « du grand logis » dudit lieu, avec la cour et enclos d'iceluy et le jardin du » devant la grange ». Il se maria en premières noces, à Vallon, avec Marie Garreau, sœur de Mᵉ Michel Garreau, curé de Contilly et doyen de Saosnois, et en secondes noces avec Michelle Brossard.

Marie Garreau lui donna cinq enfants : *René*, baptisé à Contilly le 16 mai 1676 ; *Marie*, épouse en 1696 de François Jardin, avocat au siège présidial du Mans ; *Jean*, possesseur de Jaillé, à Mamers, qui devint cûré de Contilly ; *Marguerite* et *Jeanne*. Ils se partagèrent les biens de leur père devant Maisonnier, notaire au Perche, en février 1699 (2).

Claude Mercent, sieur du Pont-d'Aulne et de la Rue-du-Clos, officier poursuivant d'armes chez le roi, acquiert, le 3 juin 1668, de Jacques Godineau, marchand à Thoré, en Vendômois, cinq sols tournois de rente foncière à prendre sur les héritiers de feu Gallois de Barville, seigneur de la Gastine. Ayant comparu en 1666 devant la commission chargée des recherches sur la noblesse du Maine, il avait déclaré « qu'il a pris la qualité d'écuyer, du temps qu'il » était pourvu de la charge de gendarme de la compagnie » du roi et que depuis qu'il s'est deffect de ladite charge, il

(1) La terre du Pont-d'Aulne passa par héritage à Pierre-Jean du Mesnil, écuyer, seigneur patron de Saint-Didier et de Longuenoë, de la Plesse et autres lieux, demeurant en 1757 à Saint-Didier, en Normandie, et marié à cette époque à Renée-Catherine de Quelquejeu, nièce de René-François Quelquejeu, sieur des Aîtres, conseiller du roi, lieutenant de robe longue de la maîtrise particulière des eaux et forêts de Perseigne, Beaumont, Sainte-Suzanne et autres lieux, époux de Catherine Jarry.

Jacques-Abraham de Semallé la possédait en 1766.

(2) Minutes du notaire de Vallon-sur-Gée.

» ne l'a jamais prise et ne l'entend prendre à l'avenir » (1).

Demoiselle Anne Foussard, son épouse, en eut : 1° *Anne Mercent*, qui contracta alliance à Mamers, le 3 juillet 1663, avec Jean Quillet, sieur des Roches, gendarme de la compagnie de Sa Majesté, conseiller du roi, grainetier et contrôleur en l'élection et grenier à sel d'Alençon, père de Louis et André Quillet, nés à Contilly (2) ; 2° *Françoise Mercent*, mariée à René Quelquejeu, avocat.

Anne et Françoise Mercent partagèrent les biens de leur père le 15 octobre 1693.

Mais, en convolant en secondes noces par contrat passé devant Cuinière, notaire à Mamers, le 4 avril 1691, avec JEAN-ANTOINE DE BARVILLE, écuyer, seigneur de la Chausserie, à Pervenchères, fils de François, seigneur de la Lambonnière et de Marie Le Baleur, veuf de Madeleine Guestre, Anne Foussard lui avait apporté en mariage la Rue-du-Clos.

ANTOINE DE BARVILLE, seigneur de Beaurepaire, en fit bail le 23 mars 1696, moyennant 286 l. par an. Nous avons déjà dit qu'il y mourut le 10 juillet 1703.

Ce lieu appartenait en 1792, à JEAN-BAPTISTE-JACQUES DE FRÉBOURG, seigneur des Mottais. A cette époque, la « maison de maître se composait d'une maison, avec salle » à côté, un fournil, deux chambres hautes, le tout à feu, » quatre écuries, un bâtiment pour le pressoir, un cellier, » une grange, deux cours, deux jardins et un petit clos à » chanvre », d'une valeur approximative de 247 l. de revenu.

(1) *Recherches de la noblesse dans la généralité de Tours, en 1666*, p. 521.

(2) Louis Quillet fut tenu sur les fonts baptismaux le 17 juin 1668, par Louis Quillet, sieur de Grougnault, président au grenier à sel d'Alençon et chambre de Carrouges, et Marie Garreau, épouse de Jean Mercent. Son frère eut pour parrain, le 16 avril 1671, Me Brice Quillet, curé de Champfleur.

AIGREFIN

L'une des fermes situées au hameau de l'Aigrefin (1) appartenait dès 1637, à la famille GUESTRE, dont l'un des membres, noble *Jacques Guestre*, sieur de Courteilles, à Suré, était président au grenier à sel de Mamers en 1641.

Philippe Guestre, sieur de la Gimberdière, eut de Marie Bordin, *Louise* et *Jacques*, baptisés à Contilly, les 23 septembre 1638 et 6 mars 1641.

Jacques Guestre, sieur du Parc, époux en premières noces de Françoise Martin, vivant encore en 1661, était remarié en 1678, à Marguerite Hennequin.

Le 26 octobre 1668, *Jean Guestre*, sieur du Parc, de Champeaux et de l'Aigrefin, époux de Marguerite Drouin, Jacob Bordin (2), écuyer, sieur des Jariez, et François Martin (3), consentent à payer 400 l. à François Laudier, écuyer, seigneur de Carrouges, et à ses co-héritiers en la succession de feu Mathurin Laudier, seigneur de la Fontaine, en son vivant lieutenant-général en la vicomté d'Alençon, et avocat au bailliage de cette ville, au nom de

(1) Le hameau de l'Aigrefin ou des Aigrefins, formé par les Grand et Petit-Aigrefin, se composait autrefois de huit feux.

(2) Jacob Bordin, époux de Gabrielle de la Rivière, fille de Jacques et de Gabrielle du Bois-des-Cours, vendit pour 5.500 l., le 3 juillet 1662, à René de Barville, seigneur de Saint-Germain, le lieu de la Bonneville, en Normandie, dans le but de s'acquitter de 2.100 l. envers Jacques du Bois-des-Cours, seigneur de l'Etang, à Saint-Cosme-de-Vair, et de 1500 l. qu'il devait à Me Michel Rippier, avocat au siège présidial du Mans. — Minutes de Clément Saillant, notaire à La Fresnaye.

(3) François Martin était marié à Anne des Poteris, fille de Antoine, sieur des Poteris et de Marie Martin, fille elle-même de Jacques, sieur de l'Epine, et de Marie Guestre, de la paroisse de Roullée.

Les Martin qui habitaient dans la partie du Perche avoisinant Contilly, étaient sieurs de Longpré, l'Ardrillé, les Gastines, le Fay et Rougemard.

Me Laurent de la Tousche (1), écuyer, sieur de l'Isle, prieur de Notre-Dame de Meslay qui, se trouvant dans l'impossibilité d'acquitter cette dette contractée depuis un certain temps, avait déjà subi l'humiliation de voir saisir « sa cavale ».

Le sieur du Parc et Sainte Abot, veuve de Thomas Caigné, de Mamers, font aveu dans la même année, à Colbert, seigneur de Pescoux, pour leurs biens situés à l'Aigrefin.

Jacques Guestre, fils du précédent, conseiller du roi, receveur au grenier à sel de Mamers, baille l'Aigrefin, moyennant 120 l. par an, à Jean Chapelle, de Contilly, le 8 octobre 1696. Il possédait encore à cette époque, le bordage de la Mesnagerie, sur le territoire de Blèves.

Léonard Guestre, sieur de Clervant, prend à ferme le 17 mars 1677, de Pierre de Prulay (2), sieur de Moire, demeurant à Contilly, le lieu de la Rivière, en Saint-Quentin-de-Blavou.

Le 2 octobre 1677, *Madeleine Guestre*, sa fille, mariée à Jean-Antoine de Barville, écuyer, sieur de la Chausserie, signe une reconnaissance de 23 l. de rente, au profit de Jacob de Vallée (3), écuyer, seigneur du Tertre et de la Guilloisière (4), à Vidai.

(1) Laurent de la Tousche, fils de Laurent, écuyer, sieur du Parc, et de Marguerite Le Maistre, fut baptisé à Saint-Paul-le-Vicomte, le 22 avril 1622. — Etat civil de Saint-Paul.

(2) Le sieur de Moire possédait encore la Mérenne, à Saint-Hilaire de Soisay, la Gilbonnière et la Chapelle-aux-Roseaux, en Pervenchères. Elisabeth du Chesnay, sa veuve, demeurant à Marollette avec Charlotte-Madeleine de Prulay, sa fille, fait bail, en 1691, du bordage de Bois-Hébert, d'un revenu annuel de 40 l., et du lieu de la Gouttière, à Montgaudry, valant 300 l. de rente.

(3) Jacob de Vallée, mari de Suzanne de Martel, fille de François, seigneur de Montpinçon, demeurait à Semallé. Louise de Vallée, sa fille, se maria avec Charles Le Sueur, seigneur de Petitville.

(4) Cette métairie avait été cédée pour 180 l. de ferme, le 27 janvier 1766, par Me Jacques Paris, sieur de la Guilloisière, marchand à Contilly, et Abraham de Guilloray, seigneur des Longs-Champs, l'un des 96 gentilshommes de Monseigneur le duc d'Orléans, demeurant à

Le 10 février 1691, le seigneur de la Chausserie, qui était veuf et avait la tutelle de Jean-Antoine et Jeanne de Barville, ses enfants mineurs, fait bail, en leur nom, de la Brosse, en Pervenchères. Le 13 mai suivant, il rend aveu pour cette ferme à Claude Le Febvre, écuyer, médecin à Châteauroux, de Son Altesse sérénissime Madame la princesse de Condé, douairière, seigneur de Montécouplard, à cause de Catherine Le Geay, son épouse. Dans le même temps, il reconnaît qu'en leur qualité d'héritiers de Me *François Guestre*, mort curé de Saint-Sauveur de Bellême, ses enfants doivent 315 l. à Renée Godefroy, veuve du sieur Jean Collet. Nous avons rappelé précédemment qu'il se remaria le 4 avril 1691, avec Anne Foussard, veuve de Claude Mercent.

Marguerite Guestre était unie en 1696 à Jean Davoust, sieur d'Hirbonde, à Chemilly, au Perche, conseiller du roi et contrôleur de la marine à Nantes.

Enfin, demoiselle *Marie Guestre*, épouse de Me Hiérosme Gueau, sieur de Fontenay, receveur général des tabacs à Nantes, loue la Petite-Huchère, à Saint-Julien-sur-Sarthe, le 11 mai 1703, et l'Aigrefin, le 2 juillet suivant, au prix de 135 l.

Le 13 mai 1670, GUILLAUME BOUGIS, conseiller du roi, avocat à Mamers, mari de Jeanne Le Vannier, rend aveu à Pescoux, pour son lieu de l'Aigrefin.

Ce domaine appartenait en 1750 à *Jean-Jacques Bougis*, avocat en la même ville, et à *Jeanne-Renée Bougis*, qui eut de son mariage avec Pierre Thibault, officier chez le roi, une fille nommée Cécile, enterrée à Contilly le 20 avril 1752, à l'âge d'environ douze mois.

Longny, comme tuteur de Marie de Guilloray, née de son premier mariage avec défunte Marie Paris.

Au commencement du siècle dernier, M. Le Prévost, seigneur de la Blosserie, à Beauvoir, était possesseur de deux autres fermes à l'Aigrefin, et du champ des Trois-Croix, situé en Contilly, près de la Gasnerie.

LA MARE-BONNEVAL

Ce fief situé à Montgaudry et, par extension, sur le territoire de Contilly, demeura plus de deux cents ans dans la famille de Semallé (1), qui, après avoir habité les Brosses, élut domicile à la Hazardière, en la même paroisse.

I.

Abraham de Semallé, écuyer, seigneur de Lignerotte, à Lignières-la-Carelle, et de Belair, en Saint-Paul-le-Vicomte et La Fresnaye, fils de Richard de Semallé et de Anne de Baigneux, portait en 1600 le titre de seigneur de la Mare-Bonneval.

Françoise Thiesse qu'il épousa en 1605, le rendit père de sept enfants, qui sont :

1° *Abraham*, l'aîné, écuyer, seigneur de Lignerotte et de Semallé, marié à Marie de la Fontaine. Le 20 octobre 1667 il signe le contrat de mariage passé devant Saillant, notaire à La Fresnaye, entre Françoise de la Fontaine, sa cousine, demeurant à la Courbe, à Bazoches-sur-Hoëne, fille de Jean, sieur de Sevillé, à Sainte-Sabine, et de Catherine de Breslay, veuve en premières noces de Rodolphe de Faguet, écuyer, seigneur de Réveillon, et Louis Le Coustelier, écuyer, seigneur de Guespray, demeurant au château de

(1) Cf. *Précis sur la paroisse, les fiefs et la famille de Semallé*, par M. de Semallé.

Parroucel, au Mesnil-Erreux, fils de René, seigneur de la Roche, et de Françoise Eveillard. Il eut deux fils : 1° *Emery*, écuyer, seigneur des Champus, enterré dans l'église de La Fresnaye, le 17 février 1674, laissant veuve Renée Jarret ; 2° *Jean-Baptiste-Louis*, seigneur de la Giroudière, demeurant, en 1673, au château de Bois-Giroult, en Normandie.

2° *Isaac*, écuyer, tué au siège de La Rochelle.

3° *Jacob*, qui suit.

4° *Suzanne*, et 5° *Madeleine*, dont nous ignorons la destinée.

6° *Marie*, demeurant aux Brosses en 1648, ensevelie dans l'église de Montgaudry, le 27 mai 1689, âgée d'environ 80 ans.

7° *Marguerite*, qui avait reçu la sépulture au même endroit, le 10 janvier 1673.

II.

JACOB DE SEMALLÉ, écuyer, seigneur de Belair, de la Mare-Bonneval et de Favard, à Contilly, qu'il avait choisi pour résidence, se marie dans la chapelle de Notre-Dame-de-Toutes-Aides, à Saint-Rémy-du-Plain, vers le mois de septembre de l'an 1639, avec *Tassine Le Conte* (1), propriétaire de la Hazardière, en Montgaudry, fille de Jean, sieur de Fortmesnil, et de Catherine de Guéroult, et veuve en premières noces de Pierre de Portebize, écuyer, seigneur du Bois-de-Solière.

Tassine Le Conte était veuve pour la seconde fois lors-

(1) La famille Le Conte était représentée, à Contilly, par Etienne Le Conte, époux de Charlotte Lasnier ; Jacques Le Conte, l'aîné, marié à Barbe Fournier, et Jacques Le Conte, le jeune, sieur de la Noë-Guillotin, qui avait épousé Louise Gilet et fut enterré dans l'église de Contilly le 12 octobre 1669.

qu'elle rend aveu à Pescoux, le 14 juin 1688, à cause des prés Saint-Jean et du champ de la Terre-de-Saint-Jean, joignant le jardin de la Hazardière et chargés d'une rente au profit de la fabrique de Saint-Jean de Saint-Langis.

Pierre de Portebize, écuyer, issu de sa première alliance, embrassa l'état ecclésiastique ; et de Jacob de Semallé (1), elle eut deux autres fils :

1° *Abraham*, dont nous allons maintenant parler.

2° *Jacob*, baptisé à Contilly, le 6 mars 1645.

III.

ABRAHAM DE SEMALLÉ, écuyer, seigneur de Belair, Prélabé, la Mare-Bonneval et autres lieux, baptisé à Contilly le 6 octobre 1643, adopta pour blason : *d'argent à l'épervier de sable, armé d'or, sur une barre de gueules*, et se maria, par contrat du 19 novembre 1665, passé en l'étude de Me Clément Saillant, notaire à La Fresnaye, avec *Louise de Surmont*, fille de Gilles de Surmont (2), écuyer, seigneur de Brustel, à Chassé, et de Renée Eveillard.

Louise de Surmont qui était veuve en juillet 1685, fit bail de la Mare-Bonneval, pour 135 livres tournois, le 7 octobre 1701. Elle reçut la sépulture en l'église de Montgaudry, le 7 mai 1717, après avoir donné le jour aux cinq enfants suivants :

1° *Abraham*, l'aîné, écuyer, sieur de Belair, qui rend

(1) Jacob de Semallé eut encore de son union illégitime avec Marie Gougeon, une fille nommée Elisabeth, qui naquit à Semallé le 13 janvier 1669. Etat civil de Semallé.

(2) Les autres enfants de Gilles de Surmont étaient : Antoine, l'aîné, seigneur de Chassé, qui contracta alliance avec Guyonne-Marie de la Tousche ; Pierre, écuyer, seigneur de Surmont ; Renée, mariée à Antoine de Barville ; Marguerite, épouse de Jacques de Chabot, sieur de Boisgirard, et Suzanne, qui s'unit à Pierre Chassevent et en eut Madeleine, baptisée à Montgaudry le 18 septembre 1642.

aveu, le 3 mai 1697, pour son champ de la Mare-Bonneval, à Claude Le Febvre, seigneur de Montecouplard.

2° *Jacob*, dont l'article suit.

3° *Renée*, née à Montgaudry, le 13 février 1669, et inhumée le 2 août 1698, en l'église de cette paroisse.

4° *Louise*, baptisée en la même église, le 10 novembre 1671, vivant encore en 1717.

5° *Marie*, née à Montgaudry le 11 novembre 1672, et décédée au même lieu le 28 janvier 1684.

IV.

Jacob de Semallé, écuyer, seigneur de Belair et de la Mare-Bonneval, né en 1668, contracte alliance, le 13 janvier 1697, avec *Anne-Julienne de Barville*, fille de François-Joseph et de feu Anne Rossignol, qui lui apporta en mariage le Grand-Parc, à Montgaudry, avec une rente de 81 livres hypothéquée sur les biens de Me Pierre Garanger, frère utérin de sa mère, avocat au Conseil, à Paris.

Ils furent confirmés ensemble en l'année 1701, par Monseigneur Daquin, évêque de Séez, de passage à Montgaudry.

Jacob de Semallé rend aveu, le 6 août 1706, à Léonore-Marie de Frébourg, dame de la Lande, pour son fief de la Rouche (1), près des Logettes. Il mourut à Mamers le 5 juin 1735, et sa dépouille mortelle fut transportée à Louzes, pour être déposée dans l'église, à l'endroit où son épouse avait été ensevelie, le 29 avril 1730.

De leur union sont issus six garçons et dix filles, tous nés et baptisés à Montgaudry et qui sont :

1° *Marie-Julienne*, baptisée le 9 mai 1700.

(1) Ce fief, situé à Montgaudry, ne consistait plus, à cette époque, qu'en trois pièces de terre, en l'une desquelles étaient autrefois les bâtiments composant le bordage du même nom.

2° *Renée-Louise*, née le 24 septembre 1701.

3° *Jacob*, présenté au baptême le 22 octobre 1702.

4° *Jacques-Gallois*, à qui nous consacrerons le dernier article.

5° *Jean-Loup*, baptisé le 3 novembre 1705, inhumé dans l'église le 17 avril 1721.

6° *Julien-Antoine*, chevalier, seigneur de Belair, baptisé le 8 janvier 1708, capitaine d'infanterie en 1737.

7° *Marguerite-Renée* et 8° *Anne-Marie*, nées le 8 août 1709. La dernière ne vécut que dix jours.

9° *Madeleine - Charlotte - Anne - Françoise*, baptisée le 1er mars 1711, mariée à Mamers le 26 février 1754, avec Jacques de Portebize, chevalier, seigneur de Marollette.

10° *Jacques*, et 11° *Françoise*, nés le 8 avril 1713.

12° *Marguerite*, tenue le 13 octobre 1714 sur les fonts baptismaux, par Jacques des Motté, écuyer, et Julienne de Barville.

13° *Jeanne-Marguerite*, baptisée le 23 avril 1717.

14° *Louise-Madeleine*, née le 6 août 1718.

15° *Joseph-Abraham*, né le 16 mars 1720.

16° *Renée-Julienne*, née le 28 septembre 1723.

V.

Jacques-Gallois ou Guingallois de Semallé, écuyer, seigneur de Belair, la Gastine, la Mare-Bonneval et autres lieux, né le 1er septembre 1704, se maria par contrat du 4 novembre 1728, avec *Marie-Anne-Louise Le Magnen*, née à Mamers le 7 juin 1701, de l'union de Pierre Le Magnen, seigneur de Lormont et de la Guyotterie, lieutenant particulier au bailliage de cette ville, et de Anne Le Vannier. Madame de Semallé fut enterrée dans l'église de Louzes le 4 novembre 1731, et *Jacques*, son fils, âgé de 15 mois seulement, fut enseveli avec elle le 1er janvier suivant.

Le seigneur de Belair convola en secondes noces, à Mamers, le 8 février 1735, avec *Jeanne Quelquejeu,* fille de défunt Jean, lieutenant de robe longue au siège de la maîtrise des Eaux et Forêts de Perseigne, et de Catherine Jarry. Il en eut huit enfants qui virent le jour à la Gastine, et fut enseveli le 23 août 1752, dans la chapelle de son château.

Ces enfants sont :

1° *Jeanne-Julienne-Renée-Jacqueline,* née le 24 juin 1737, et mariée à Marin-François des Essarts, qui la rendit mère de Charles-François, mort à Louzes, le 1er août 1767, âgé de cinq ans, et de Thomas, décédé le 12 du même mois.

2° *Renée-Julienne,* née le 5 août 1738 ; présentée au baptême le 2 octobre par René de Lespinay, de Mamers, ancien capitaine d'infanterie, chevalier de Saint-Louis, et Anne de Semallé, sa tante ; enterrée dans l'église des Aulneaux, le 23 avril 1739.

3° *Jacques-Gilles,* né le 13 septembre 1739 ; tenu sur les fonts sacrés, le 8 octobre, par Marie-Julienne de Semallé, sa tante, et Gilles d'Aubigny de Lespinay, capitaine aide-major au régiment de Gastinois ; inhumé près de sa sœur, le 29 novembre 1740.

4° *Madeleine-Jacqueline,* née le 7 mars 1742, et enterrée à Contilly le 19 août suivant.

5° *Françoise-Renée,* née le 28 mai 1743, baptisée (1) le lendemain aux Aulneaux, et ensevelie au cimetière de cette

(1) Son parrain fut René-François Piffault de Nully, garde du corps du roi, demeurant au Mesnil-Erreux, fils de Claude, seigneur de la Houssaye et de Françoise de Surmont. Il épousa Marie-Charlotte-Perrine-Elisabeth d'Antignate et en eut Nicolas-René-Charles Piffault de Nully, qui se maria à Hauterive, le 29 mars 1791, avec Sophie-Louise-Victoire Poitrineau, fille de Joseph-Georges, négociant à Alençon et de feu Anne-Louise Drouet. Etat civil de Hauterive.

paroisse le 6 juin 1744, par Me Robert Delousche (1), chapelain de Notre-Dame-de-Pitié et titulaire de la chapelle de la Gastine.

6° *Jacques-Jean-Bon*, baptisé le 16 août 1744.

7° *Jean-René*, né le 25 novembre 1745 et baptisé le 26 à Contilly. Il épousa Marie-Louise-Henriette de Récalde qui lui donna : 1° *Jean-René-Pierre* (2), né à Mamers le 4 février 1772 ; 2° *Pierre*, enterré à Louzes, à l'âge de trois mois, le 3 juillet 1775 ; 3° *Emilie*, qui n'avait que deux ans le 7 juillet 1780, date de sa sépulture en la paroisse des Aulneaux.

8° *Jacques-Abraham*, écuyer, seigneur de la Mare-Bonneval, né le 4 mars 1750, demeurant à Mamers en 1772. Le 3 février de cette année, François-Guillaume Luce, seigneur de Rocquemont, son tuteur, rendit aveu en son nom, pour le champ Bucquard et les prés de la Bougerie et de la Grande-Rivière, à Guillaume-Athanase Clément, seigneur de Barville, Blavette, la Gastine et autres lieux.

Actuellement, la Mare-Bonneval appartient à Mme la comtesse de Fay, née de Semallé.

LES JONCHÈRES

La *Carte* de *Jaillot* marque un château au lieu des Jonchères et indique qu'un combat fut livré à cet endroit ; ce qui n'est pas de nature à nous surprendre en raison de la proximité des Buttes-de-la-Nue.

(1) Me Delousche fut enterré le 19 janvier 1750, dans la chapelle de N.-D. de Pitié, aux Aulneaux, et sa succession fut partagée entre Louis Delousche, marchand filotier à Séez, et Louise Delousche, femme de Benoît Than, sieur des Beauchefs, maître arquebusier en la même ville.

(2) Sous la Révolution, la municipalité de Louzes lui remit un certificat de résidence, en donnant de lui ce signalement : « taille, 5 pieds 6 pouces ; visage ovale et brun. » *Reg. des Délib.*

En l'an 1004, *Geoffroy de Jonchères*, signe l'acte de donation de l'église de Montgaudry à l'abbaye de Séez, par Héloïse, femme de Ernault Gruel (1).

Entre 1080 et 1102, par acte passé au chevet de l'église Saint-Pierre de Courgains, *Geoffroy de Junchères* vend pour 30 sols sa dîme de Contilly aux moines de Saint-Vincent, et, le dimanche suivant, après avoir déposé son don sur l'autel de cette dernière paroisse, en présence de sa mère, de son frère, de sa sœur et de nombreux fidèles, il reçoit un premier acompte de 10 sols (2).

Entre 1148 et 1185, *Guillaume de Junchères*, prêtre, assiste comme témoin à la donation en faveur de la même abbaye, par Gauthier l'Epervier, de la sixième partie de la dîme qu'il a coutume de percevoir à Commerveil (3).

Un autre *Geoffroy de Junchères*, signe aussi en qualité de témoin, un acte passé par les moines de Perseigne en l'année 1188 (4).

Jehan Bertelot, l'aîné, sieur des Jonchères, y demeurant, acquiert, le 12 décembre 1503, pour 9 livres tournois, de Patry Moré, mari de Jehanne de Frébourg, deux pièces de terre, d'une contenance de cinq boisseaux semence ou environ, sises en Contilly. Cet acte est signé de *Thiennot Bertelot*.

Le 27 novembre 1637, honorable homme *Pierre Bertelot*, sieur des Jonchères, est parrain à Contilly.

Marie Bertelot, sa fille, épouse Me *Ambroise Bouvier*, notaire au Mans, à qui elle apporte en mariage tous les biens lui venant de la succession paternelle. Celui-ci, qui remplit un certain temps les fonctions de procureur-syndic de Saint-Benoît du Mans, est enterré dans l'église de cette

(1) *Cartul. de Saint-Martin de Séez*, charte CXI.
(2) *Cartul. de Saint-Vincent*, nº 583.
(3) *Cartul. de Saint-Vincent*, nº 586.
(4) *Cartul. de Perseigne*, nº CCCLIII.

paroisse, le 4 juillet 1678, et sa veuve y fut ensevelie le 12 avril suivant.

Ils eurent quatre enfants, qui sont :

1° *Jacques Bouvier*, né au Mans le 26 mars 1644.

2° *Madeleine Bouvier*, femme en premières noces de Me Julien Egasse, et en deuxièmes, de Me Gilles Berault, notaire royal, qui rend aveu à Pescoux, le 9 avril 1669, pour héritages situés à Loupendu, en Contilly.

Jeanne, née de cette dernière union, fut présentée au baptême en l'église Saint-Benoît, par Me Ambroise Bouvier (1), curé de Nuillé-sur-Vicoin, et Marthe Martin, veuve de Me René Coustard.

3° *Anne Bouvier*, née au Mans le 7 septembre 1654.

4° *Marie Bouvier*, qui contracta alliance avec *André Coustard de Souvré*, écuyer, né en la paroisse Saint-Benoît du Mans, le 28 décembre 1633, du mariage de René Coustard avec Marie Martin.

André Coustard, qualifié sieur du Chesne et de la Chevallerie, à La Milesse, du Joncheray, à Saint-Saturnin, de Fougault, à La Bazoge, et des Jonchères, en Contilly, prit en 1657 l'entreprise des messageries de Laval au Mans. En 1670, il est dit bourgeois de Paris, et en 1677, il achète de Pierre Le Clerc de la Galorière, la charge de receveur des tailles de l'élection de Laval. Régisseur d'un grand nombre de terres et des forges de M. le duc de Villars, il acquit des domaines considérables, en particulier la seigneurie de Souvré, en Bazougers, dont il se titra. Mais ce ne fut qu'en 1708 qu'il se pourvut d'une charge anoblissante de secrétaire du roi, maison et couronne de France. Veuf en 1701, il se remaria deux ans après avec Renée Turpault, fille d'un juge au siège de Niort, et reçut la sépulture en 1712, devant

(1) Me Ambroise Bouvier succéda, comme curé de Nuillé, à Me François Bouvier, son frère, résignataire en sa faveur en 1680. Il mourut à Laval le 17 mai 1715. *Dict. de la Mayenne*, par M. l'abbé Angot, III, 180.

l'autel Saint-André, dans l'église Saint-Vénérand de Laval.

François Coustard, l'aîné de ses six enfants, receveur des tailles, maître des Eaux et Forêts et capitaine des chasses du comte de Laval, né à Paris en 1671, épousa le 21 octobre 1709, Jeanne-Marie Hardy de Lévaré, fille du maire de Laval, et acheta en 1715 la châtellenie de Chemeré.

Me *René Coustard*, son autre fils, écuyer, curé de Nuillé-sur-Vicoin, en son nom et pour ses cohéritiers en la succession paternelle, et Marie Collin, veuve du sieur de Berry, héritière de feu Me Noël Collin, conseiller du roi, receveur des consignations à Mamers, baillent à ferme les Jonchères, le 21 février 1719, à l'exception « du fief, des » rentes et de deux chambres hautes de la maison seigneu» riale », à Jean Pasquier, moyennant 200 livres, avec obligation « de nourrir deux chevaux, de foin et d'avoine, » pendant huit jours chacun an, ou bien pendant quinze » jours, sy tant ledit Coustard y vient et reste. » Le curé de Nuillé mourut en 1748 (1).

Cinquante ans plus tard, les Jonchères appartenaient à M. *de Goué*.

LE HUON

Le fief du Huon, encore appelé *Ouvan*, *Ounan*, *Onan*, *Huam*, *Huan*, *Yon* et *Lion*, situé près de Frébourg, appartenait à *Jehan d'Aillières* en 1231.

Le jeudi après la saint Julien de l'an 1247, *Odon de Huam*, paroissien de Contilly, voulant assurer avec son salut, celui de Agnès, sa femme, et de tous les siens, fait don à toujoursmais, au profit des moines de Perseigne, de son habergement du Huon ; donation que confirma en 1274

(1) Cf. *Dict. de la Mayenne*, par M. l'abbé Angot, I, 131, 764, 797. Etat civil de la paroisse Saint-Benoît.

Jean, vicomte de Châtellerault, baron de Saosnois (1).

Michel Le Guillotin tient les plaids à cet endroit le 14 avril 1504.

Le 5 mars 1515, par acte devant Barnaige, notaire en la vicomté de Braisteau, Me *Guillaume Delanoue*, prêtre, héritier de feu Me *Jehan Baguillot*, également prêtre, vend pour 40 sols tournois de rente perpétuelle, le tiers par indivis de l'appartenance du Huon, à Me *Mathieu* ou *Mathurin Le Royer*, prêtre, et le lendemain, devant Me Hémon, notaire en cour de Connerré, cède cette rente à Martin Virlouvet, moyennant 4 livres tournois.

Richard Delanoue, bourgeois du Mans, son cohéritier, vend à son tour, le 19 mars 1519, pour 12 livres tournois, au même M^e^ Le Royer, les 15 sols de rente qu'il a droit de percevoir à cause de sa part du Huon.

Le 13 juin 1521, Marion, veuve de Guillaume Jehandier et Me *Jehan Rambourg*, prêtre, sieur du Huon, rendent aveu pour ce fief, au seigneur de la Gastine. Le 14 juin 1524, ce dernier achète pour 68 sols tournois, de Estienne Huard, paroissien de Sillé-le-Philippe, 5 sols de rente qu'il avait coutume de percevoir sur les mêmes dépendances (2).

Me Rambourg vivait encore en 1536 et c'est en 1567 que ses héritiers vendirent à *Joseph de Frébourg*, le Huon, loué 300 livres en 1670. A cause de ce lieu, Joseph-Louis de Frébourg rendit aveu le 17 novembre 1777, à Jean-René de Semallé, seigneur de la Gastine (3).

(1) *Cartul. de Perseigne*, pp. 67, 87, 138, 188.

(2) Papiers de M. de Fromont.

(3) Le fief du Huon qui devait à la Gastine foi et hommage simple, rachat, taille, relief et trois sols de service à la saint Rémy, ne s'étendait plus, à cette époque, que sur les champs des Petites-Arrachées, appartenant à la cure de Beauvoir et ceux de la Dinnée, du Vivier, des Grands-Champs, des Vallées, du Pressoir, de la Persinière, du Clos-du-Pressoir, des Arrachées, du Chêne-Rond et de la Plaine, situés en Beauvoir et Contilly.

LA CHESNAYE

Jehan Le Fort, sieur de la Chesnaye, anciennement appelée *Resnebourdière*, marié à Judith Pérot, issue des seigneurs de Pescoux, en eut, à Contilly, les quatre enfants suivants :

1° *Pierre*, présenté au baptême le 1er novembre 1633, par Charles du Val (1), écuyer, seigneur de la Ligeardière, et Tassine Le Conte, femme de M. du Bois de Solière. Il rendit aveu à Pescoux le 6 juin 1669, pour son pré de la Garrottière, aux Aulneaux.

2° *Jean*, seigneur de la Locherie, à Beauvoir, né le 12 novembre 1634, lieutenant d'un régiment envoyé en Hollande en 1671. Le 11 juillet de cette année, il se présente avec son frère aîné aux assises de Pescoux, pour rendre hommage à cause de la Chesnaye, dont ils venaient d'hériter par suite de la mort de leur mère.

3° *Judith*, née le 2 mars 1637.

4° *René*, né le 10 avril 1638.

LA GÉMINIÈRE

Julien Lunel, écuyer, seigneur des Essards, conseiller-secrétaire du roi, maison et couronne de France, demeurant à Mamers, loue la Géminière le 19 avril 1694, à Charles Chassevent, de Contilly, pour 120 livres, avec obligation de payer tous les ans 28 sols à la Châtellenie de Pescoux, dont relève cette métairie.

LA GASNERIE

Le 16 mars 1672, *Jacques Conseil*, écuyer, sieur du lieu,

(1) Charles du Val contracta alliance avec Jeanne de Surmont et en eut Madeleine, qui épousa René de la Tousche, écuyer, sieur de l'Isle.

époux de Madeleine Caillard d'Aillières, demeurant à Beauvoir, rend aveu à Pescoux, à cause de la Gasnerie.

Les champs François qui avoisinaient cette métairie et relevaient de la même châtellenie, appartenaient alors à *Louis des Loges*, écuyer, sieur du Fresne, résidant ordinairement en son château de Biars, à Saint-Rigomer-des-Bois.

LOURMEAU

En 1519, noble *Guillaume Thibault*, était seigneur de Lourmeau, situé entre Beaurepaire et la Gastine, au fief de ce dernier lieu. Il y fit construire une maison d'habitation en 1535.

LA TIBIDERIE

Le 24 décembre 1695, les deux bordages de la Tibiderie sont loués pour 140 livres à Jean Bugleau, procureur-syndic de Contilly, par *Christophle-Pierre d'Avesgo*, chevalier, seigneur d'Appenai et patron de Coulonge, où il demeurait, au château du Mesnil, époux de Marie-Louise de Ryant, fille de Odet de Ryant, chevalier, marquis de Villeray, Blavette, à Barville, Botrel, à Blèves, la Grande-Beuvrière, Rigours, Auteresche, la Gastine, la Patardière et autres lieux, et de Françoise d'Angennes (1).

En mars 1719, la Tibiderie appartenait à demoiselle *Marie Collas*, de Blèves, fille et héritière de Me *Antoine Collas*, sieur de la Chanterie.

LE CLOS

Abel Ridou, sieur de Beauvais, baille à ferme le Clos, pour 120 livres par an, le 19 janvier 1731.

(1) Odet de Ryant avait encore pour enfants : Charles, chevalier, marquis de Villeray ; Louise-Claude ; Marie-Anne, mariée à Jacques

Il avait abjuré le protestantisme en l'église de Roullée, le 30 octobre 1685, en même temps que Joachim, son frère, Joachim Ridou, marchand, sieur de la Bonnerie et de la Bellée, leur père, et Elisabeth Amyrault, leur mère, nièce de Mº Abel Amyrault, sieur de la Hauterie, à Blèves, et de Vausoudan, ministre de l'église prétendue réformée de Saint-Aignan (1).

LE BOIS-GUÉRIN

En 1725, *Jacques Lemaire*, écuyer, fils de Jacques, aussi écuyer, et de Marie-Anne Mallard, est dit seigneur du lieu de Bois-Guérin, anciennement appelé *Trémont*.

LE CERVOIR

Cette terre devenue la propriété de M. le comte de Semallé, appartenait jadis aux seigneurs de Pescoux, et messire *César de Langan*, chevalier, baron de Bois-Février, demeurant ordinairement à Saint-Vandrille, en fait bail pour 320 livres, le 30 mai 1643 (2).

Jules-Armand Colbert, chevalier, marquis de Blavette, seigneur de Saint-Julien, Montgoubert, Pescoux, le Cervoir et autres lieux, grand-maître des cérémonies de France, cède pour 12 livres par an, le 31 mars 1683, à Mº Alexis Le Feuvre, chirurgien à Contilly, « un droict de la cous- » tume et billette de la châtellenie de Pescoux, en ce qui » passe et repasse par dans ce bourg de Contilly, de mar- » chandize et autres choses qui doibvent ledict droict de

Le Conte de Nonant, chevalier, comte de Fontaines, lieutenant au régiment des gardes-françaises, et Louise-Catherine.

(1) Etat civil de Roullée.

(2) L'acte est signé de Mº Jean Quattremères, sieur de la Corbonnassuère.

» coustume, le long du grand chemin tendant de Mamers à » Blèves » (1).

D'autres baux du Cervoir sont signés, en 1710, par *Jean-Baptiste-Jacques de Saint-Rémy*, chevalier, marquis de Cossé, seigneur de la Motte-Fouquet, Magny, Saint-Patrice, Orgères, Contilly, les Aulneaux, Chanceaux, Pescoux, etc., et en 1753, par *Marie-Madeleine de Saint-Rémy*, veuve de Guy-Antoine de Saint-Simon, marquis de Courtomer, comte de Montreuil, maître de camp de cavalerie, et capitaine des gardes de Son Altesse sérénissime Madame la duchesse de Berry.

C'est encore de la châtellenie de Pescoux que relevait la seigneurie de paroisse de Contilly, comme suffirait à l'indiquer la location du droit de billette sus mentionné. La juridiction de cette terre qui se composait d'un bailli, d'un procureur fiscal, d'un greffier, d'un sergent et de quatre avocats, tenait ses audiences le premier mercredi de chaque mois, dans une maison attenant à l'ouest, au presbytère. Les appels de cette juridiction portaient à la barre du duché-pairie de Mayenne.

LA COTINERAIE, ANCIENNEMENT COTINEL, ET CLAIREFONTAINE

Dans les premières années du XIe siècle, *Lambert de Blainart*, donne aux moines de Séez un quartier de terre d'un demi-muid semence, situé à Clairefontaine « *apud Clarum Fontem* » (2).

Vers 1060, *Ascelinus Cotinel*, avec le consentement de Hersende, sa femme, de Odolinus et Bernard, ses fils,

(1) En bordure de cette route et à l'endroit où elle traversait autrefois celle de Pervenchères, existe encore une masure inhabitable que l'on nomme le Pont-Billet.

(2) *Cartul. de Saint-Martin de Séez*, charte CX.

donne à l'abbaye de Saint-Vincent, sa terre de Clairefontaine, « *terram Clarorum Fontium* », avec toutes les coutumes, à l'exception de la dîme, et une autre terre désignée sous le nom de*Gressum*, que nous ne saurions identifier (1).

En 1092, *Odon Cotinel,* sénéchal de Sonnois, voulant s'assurer des prières, cède pour 34 sols à l'abbaye Saint-Martin de Séez, une partie de sa terre des Deux-Bœufs, « *ad duos boves* », située à Clairefontaine, lui abandonne gratuitement l'autre partie de la même terre, avec le consentement de Girard, son fils, et en signe de confirmation, dépose sur l'autel de saint Martin, l'acte qu'il vient de signer.

L'année suivante, il lui donne une nouvelle parcelle de terrain au même lieu, et, pour 4 livres, lui en vend une autre, suffisamment étendue, pour récolter une charrette de foin. Il lui vend enfin la moitié du moulin de Clairefontaine, « *sic item solute et quiete ut postquam prima vice ad* » *faciendum illud molendinum adjuveribus, nichil postea* » *in ea mittamus preter ferros et quadrigarum vehicula ad* » *materiam lignorum deferendam.* »

Ces dons et ventes furent confirmés par Guillaume de *Malcenaio, aliàs Malchanaio,* qui les exempta de redevance quelconque à perpétuité, pour avoir droit aux prières des religieux, lesquels il autorise en outre à prendre, tant sur ses terres cultivées que dans ses bois, ce qui leur sera nécessaire pour la réparation de leur couvent et de leur chapelle (2).

Odon Cotinel, du consentement de *Morinus*, sénéchal, vendit aussi à Perseigne une terre sise près le lieu du *Fay*, au fief de Robert II de Bellême, qui approuva cet acte dans la suite (3).

(1) *Cartul. de Saint-Vincent*, n° 629.
(2) *Cartul. de Saint-Martin de Séez*, chartes n^os^ CVI, CVII et CVIII.
(3) *Cartul. de Perseigne*, pp. 363, 366.

Jean Cotinel est cité comme témoin, dans un procès soutenu après 1145, par l'abbé de Perseigne, contre Robert Sanson, seigneur d'Osé, à cause de Eremburge, sa femme, fils naturel de Guillaume III, comte d'Alençon, qui lui fit don de la terre des Aulneaux (1).

Quelque temps après, un autre procès qui dura de longues années, s'éleva entre les religieux de Saint-Vincent et de Perseigne, au sujet de la terre dite des Deux-Charrettes, « II *carrucarum* », à Contilly, que ces derniers avaient achetée et sur laquelle les premiers prélevaient autrefois la dîme.

L'affaire fut portée au tribunal du pape Alexandre III, qui, pour la juger, nomma comme commissaires Robert, abbé de la Couture, Pierre, abbé de Beaulieu, et Pierre, grand chantre de l'église du Mans. Leur intervention fut couronnée de succès. Il fut en effet conclu que les moines de Perseigne paieraient annuellement à ceux de Saint-Vincent et au prêtre de Contilly, onze setiers de blé de bonne espèce, à la mesure du pays, savoir : quatre setiers et mine de froment, six setiers et mine moitié orge et moitié avoine, pris dans la grange de Clairefontaine, appartenant aux religieux de Perseigne et que ceux-ci ne pourraient acquérir de nouveau dans la paroisse, sans traiter avec le couvent de Saint-Vincent.

Guillaume, évêque du Mans, confirma cet accord entre 1160 et 1180, mais réduisit à quatre boisseaux de froment et cinq boisseaux moitié orge et avoine, la rente que nous venons de signaler (2).

A la fin du XIIe siècle, *Richard Cotinel*, moine à Saint-Vincent, signe l'acte de donation faite au profit de son

(1) *Cartul. de Perseigne*, p. 9.

(2) *Mémoires pour servir à l'histoire de l'abbaye de Saint-Vincent*, par J.-B. Colomb, pp. 132 et 133.

monastère, par Patrice et Payen de Chources, de tous leurs droits sur l'église de Beaufay (1).

Une charte de Lisiard, évêque de Séez, datée de l'an 1191, nous apprend qu'à l'intention de Jean, comte d'Alençon, il est donné à perpétuité, pour le luminaire de l'église de Perseigne, d'abord par *Odon Cotinel*, des seigneurs de Clairefontaine, garde des forêts d'Ecouves, de Bources, de Perseigne et de Blavou, 20 sols mansais, à prendre chaque année, le jour de la saint Rémy, sur ses cens de Blèves, qui se montent à 100 sols, et de plus, 10 sols mansais, par *Pochard Cotinel*, son frère, en reconnaissance de ce que le comte dont ils avaient été les écuyers, leur avait laissé, comme à quatre autres personnages l'ayant servi en la même qualité, à chacun 10 livres angevines de rente sur ses revenus de Bernay. C'est sur ce legs que Pochard affecte sa donation (2).

Peu de temps avant sa mort, Jean d'Alençon constatait qu'en vertu de l'accord conclu en l'année 1154, entre Jean, abbé de Saint-Martin de Séez et Erard, abbé de Perseigne, Jean avait donné à perpétuité, au couvent de Perseigne, tout ce qu'il possédait sur les terres, prés, bois, étang et moulin sis au fief de *Richard Cotinel*, IIe du nom, à condition que tous les ans, à la saint Martin d'hiver, l'abbé ou son prieur, ou l'un des religieux, en souvenir de cette générosité, viendrait offrir deux livres d'encens sur l'autel de saint Martin.

Le même *vidimus* nous révèle que Richard, sa femme et ses fils, pour avoir acquiescé à cet accord, reçurent de Erard, un cheval et 20 sous mansais, mais que les biens ainsi transmis étant indivis entre le donateur et le seigneur de Cotinel, celui-ci résolut d'en faire le partage avec les nouveaux possesseurs. Il en résulta que les religieux obtin-

(1) Arch. de la Sarthe, H 18, nº 11.
(2) *Cartul. de Perseigne*, p. 203.

rent les terres situées en deçà du ruisseau de Clairefontaine, qui se jette dans le Cervoir, et celles qui sont entre ce cours d'eau et le chemin de *Jarreia*, à l'exception du champ de *Jarreia ;* tandis que Richard garda, avec ce qui était au-delà dudit ruisseau de Clairefontaine, l'étang et le moulin. Les moines versèrent de plus, entre ses mains, 100 sous mansais et remirent 10 autres sous de même monnaie, à sa femme et à ses fils.

C'est également dans la même charte que sont mentionnées les donations suivantes au profit de Perseigne :

Par ledit Richard, sa femme et ses fils : un pré appartenant jadis à l'abbaye de Séez, sis au fief de Cotinel, au-delà du ruisseau de Clairefontaine. En reconnaissance de ce legs, les religieux versèrent entre leurs mains une somme de 36 sols mansais.

Par Richard, seul, pour le repos de l'âme de *Girard Cotinel*, son frère : le champ *Liardi*, « *pro equo liardi sic vocatum* ».

Par Guillaume *Hericius*, avec l'assentiment de ses fils, lorsqu'il se fit moine : toutes ses terres relevant du fief de Richard Cotinel, qui approuva la donation et, pour ce, reçut de l'abbaye 6 deniers et une mesure de vin.

Par *Girard*, fils de Odon Cotinel : le champ et le friche de Faiel. Il échangea de plus un certain nombre d'arpents contre le champ de Martin, « *pro campo Martini* » ; et après que, sur le conseil de son père et avec l'assentiment de sa mère, il eut déposé son don sur l'autel de l'abbaye, les moines lui donnèrent 15 sols mansais, en remirent 35 à son père, et à sa mère offrirent une génisse.

Par *Hamericus Cotinel* et ses héritiers : un champ, non désigné.

Par Gauthier Le Roille et Richard, son fils aîné : le champ des Gages, « *de Gagis* », donné le 3 des calendes de décembre de l'an 1188, en présence de Geoffroy de Junchères.

Girard Cotinel exempta ces terres de redevance féodale.

Enfin, la pièce se termine en nous relatant que, pour mettre fin aux fréquents désaccords soulevés au sujet de ces dons ou échanges, par Odon Cotinel, Pochard, son frère, et Girard, son fils, le comte les fit venir en sa présence, avec l'abbé de Perseigne, et qu'au cours de cette entrevue, Adam ayant remis 40 sols mansais à Odon, 15 à Pochard et 10 à Girard, les Cotinel, pour assurer leur salut éternel et racheter les fautes de leurs ancêtres, confirmèrent tous les actes de générosité faits en faveur des religieux et les exemptèrent à toujoursmais des servitudes territoriales auxquelles ils pouvaient prétendre (1).

Dans l'année 1212, *Girard Cotinel*, chevalier, cède en pure et perpétuelle aumône, à Dieu et à l'abbaye de Saint-Vincent du Mans, deux portions de toute la dîme du fief de la Gastine, de toutes les terres bien préparées et bien nettoyées, *de omnibus exemplis*, tant dans les terres cultivées, *tam in plano*, que dans celles qui le sont ou le seront, dans la forêt, et sur tout son autre fief par delà les limites de la forêt, outre celles que ses ancêtres ont assignées à la chapellenie de Saint-Laurent. Il donne encore à la même abbaye deux portions des dîmes de toutes les novales faites de son temps, et de celles qui se feront dans la suite, et un emplacement situé près de l'église de Contilly, pour édifier une grange qui servirait aux besoins du monastère. Puis, il notifie que, pour le salut de son âme, il lui abandonne à perpétuité dix sous mansais, qu'il assigne sur sa terre de Fortmanoir, à Mamers, *prope talcas* de Guitier, et qui seront payées au Mans, chaque fois que les moines célèbreront son anniversaire. Jeanne, sa femme, et Richard, son fils aîné, acquiescèrent à cette aumône (2).

(1) *Cartul. de Perseigne*, chartes CCVIII, CCCVI, CCCXLIII. — *Cartul. de Saint-Martin de Séez*, CCLXXXIX.

(2) Cf. J.-B. Colomb, *lib. cit.*, pp. 227, 228.

En 1222, *Richard Cotinel*, écuyer, IIIe du nom, seigneur de la Cotinelaie, à Contilly, du consentement de Mathilde, sa femme, et de ses héritiers, vend pour 22 livres, à Guillaume Hedin, son moulin de Fort-Manoir, qui restera chargé à son profit de deux deniers de service chaque année. En 1225, il abandonne gratuitement sa prairie de Formenaix, aux moines de Perseigne, et le 10 février de l'année 1233, selon qu'ils le lui avaient demandé devant l'official du Mans, il leur accorde droit d'usage sur ses terres, avec l'autorisation de clôturer leurs champs et de prendre les « harz et trembles » qui leur seraient nécessaires, « *ad canillas faciendas* », pour construire, à Clairefontaine, ou réparer les bâtiments qui y existaient (1).

Cet acte est le dernier où nous retrouvons le nom des Cotinel. Il est, du reste, certain que, vers cette époque, leur fief de la Cotineraie passa aux d'Aillières, car au mois d'avril de l'année 1249, Guillaume d'Aillières s'accorde avec Perseigne, au sujet du droit qu'avaient les religieux, de prendre dans les bois de *Cotinelale*, ce dont ils avaient besoin pour entretenir leur grange de Clairefontaine (2).

Le 4 mai 1498, Jehan Debleur, l'aîné, achète de Jehan Debleur, le jeune, le tiers du champ des Trembles, joignant les prés de la métairie de la Cotinelaye, alors réunie à Pescoux. César de Langan, seigneur de ce lieu, la baille à ferme pour 400 livres, le 18 mars 1650, avec les moulins d'En-Bas et d'En-Haut (3) ; et Louise-Rose de Thiboutot, marquise de Courtomer, en ordonne la visite le 10 juin 1774.

C'est auprès du premier de ces moulins que se trouvent les prés du Grand et du Petit-Saint-Laurent, avec le champ

(1) *Cartul. de Perseigne*, pp. 141, 145, 173.

(2) *Cartul. de Perseigne*, p. 141.

(3) Ces moulins, depuis longtemps au repos, étaient alimentés par les ruisseaux du Cervoir et de Clairefontaine, dont les eaux sont maintenant canalisées jusqu'à Mamers.

de la Chapelle, où était édifiée la chapelle dédiée à saint Laurent.

Au temps de leur jeunesse, les plus anciens de Contilly sont allés prier en ce sanctuaire, dont il ne reste plus à présent que les substructions. Une assemblée se tenait tous les ans en ces lieux, le dimanche le plus rapproché de la fête du glorieux martyr ; mais ces divertissements ont pris fin, après que sa statue eut été apportée en l'église, où elle demeure toujours en grande vénération.

Quant au domaine de Clairefontaine, les moines de Perseigne le baillèrent à ferme en 1636, pour 550 livres, 4 boisseaux de pois, 40 livres de beurre salé et 12 chapons (1), et pour 1600 livres, en 1783 (2). Le 31 mars 1791, François Caigné, marchand à Aillières, René Aguinet, marchand à Saint-Rémy-des-Monts, et Julien Chartrain, bourgeois de Mamers, l'achetèrent de l'Etat, au prix de 39.900 livres. Le lieu du Petit-Cervoir, confisqué sur les mêmes religieux, fut acquis pour 3.100 livres, le 2 mai de l'année suivante, par René Morel, de Louzes, et Louis Guimard, de Contilly (3).

LES BUTTES DE LA NUE

Nous ne saurions mieux faire ici que d'emprunter au savant travail de M. G. Fleury, sur *Les Fortifications de l'arrondissement de Mamers*, la description suivante des Buttes de la Nue.

« Ce camp retranché parfaitement conservé, couvrant environ trois hectares de terrain, se compose d'une motte et de deux enceintes. La forme générale est sensiblement celle

(1) Le bail fut signé au bourg de Neufchâtel, dans la maison où « pend pour enseigne la *Corne de Serf* ».

(2) Archives départementales, H 944.

(3) Cf. la *Vente des Biens nationaux*, par F. Legeay.

d'un quadrilatère aux angles fortement arrondis. Les deux petits côtés mesurent de 80 à 100 mètres, et les deux grands environ 300. La motte occupe l'angle nord-ouest ; les trois autres angles sont renforcés par des mamelons. Cette enceinte générale est divisée perpendiculairement à la face Est par un talus et un fossé, qui forment une seconde enceinte intérieure, de niveau plus élevé que celui de la première, et d'un accès rendu plus difficile par la proximité de la motte et par des retranchements très forts. La motte, d'une surélévation intérieure de 16 mètres, a une plate-forme de 40 mètres de diamètre, divisée en deux parties par un fossé de 4 mètres de largeur, avec talus laissant sur la crête une plate-bande circulaire de 6 mètres, et à l'intérieur, une enceinte de 17 mètres de diamètre. Au pied, un fossé de 6 mètres de largeur et 4 mètres de profondeur, la sépare entièrement des autres parties du camp. La grande enceinte, sur les faces sud et ouest, est fermée par un fossé de 16 mètres de largeur et 4 mètres de profondeur, avec talus de 16 mètres de hauteur, 4 mètres de largeur à la crête, et 7 mètres de hauteur intérieure ; à l'angle nord-est, les fossés conservent les mêmes proportions, mais le talus atteint 22 mètres d'élévation, ainsi que les mamelons qui constituent les angles. Le milieu de la face orientale offre un caractère tout particulier ; le fossé est réduit de moitié en largeur et en profondeur, mais est protégé à l'extérieur par une contrescarpe de 2 mètres d'élévation. Il semble être un chemin couvert donnant entrée dans la première enceinte, sous le talus de la seconde enceinte, renforcé en un point par un mamelon surélevé de 4 mètres ; la grande enceinte avait une autre entrée, au pied de la motte ; la deuxième enceinte a aussi deux entrées, l'une, donnant accès de l'extérieur, l'autre, permettant de communiquer avec la grande enceinte, dont elle était séparée par un talus avec fossé. »

Orderic Vital, dans son *Histoire ecclésiastique* (1), inscrit le camp des Buttes de la Nue parmi les fortifications que Robert II, surnommé le Diable, comte d'Alençon et baron de Saosnois, construisit ou répara en 1098, après avoir conclu un traité de paix avec Guillaume Le Roux.

A son arrivée de Palestine, en 1149, Robert, troisième fils de Louis le Gros, comte du Perche, guerroyant contre Guillaume III Talvas, comte de Ponthieu, seigneur d'Alençon, de Sonnois et de Séez, se rendit maître du camp de la Nue, dont Talvas avait confié la garde à son fils, Jean Ier de Bellême, seigneur de Montgommery. Mais l'année suivante, Geoffroy le Bel, comte d'Anjou, allié des Bellême, à son tour enleva la place à Robert qui, pour se venger, saccagea tout le pays, avec l'aide des troupes royales, s'empara de la ville de Séez et la livra aux flammes (2).

Sous la Révolution, les Buttes de la Nue furent encore le théâtre de plusieurs escarmouches entre les Chouans et la garde nationale de Mamers qui, paraît-il, aurait été forcée de battre en retraite (3).

De nos jours, enfin, continuent de s'y livrer des luttes

(1) Tome IV, p. 140.

(2) Cf. *Gesta Lud. Regis. filii Lud. Grossi*, apud Duchesne; *Chronique de Normandie*, par Odolant Desnos, I, 305, en note ; *Antiquités et Chroniques percheronnes*, par l'abbé Fret, II, 296 ; *Hist. des pays et comté du Perche et duché d'Alençon*, par Bry de la Clergerie, pp. 111-112.

(3) Dans l'une de ses dernières et plus intéressantes études, M. G. Fleury raconte de cette façon les faits, dont le souvenir est devenu imprécis dans la mémoire de mes anciens paroissiens de Contilly :

« Le six fructidor an VII (23 août 1799), une bande de Chouans envahit le moulin de Tessé, à Saint-Longis, se saisit du meunier Lunel et ne le rend à la liberté qu'après lui avoir fait verser une forte somme d'argent. De là les Chouans, au nombre de quatre-vingts environ, se rendent au domicile du sieur Dagron, garde-marteau de la forêt de Perseigne, enfoncent la porte à coups de hache, s'emparent des armes et des munitions, ainsi que d'une somme de douze cent quarante-sept francs, puis ils se dirigent sur Aillières.

» Aussitôt que cette nouvelle parvint à la municipalité de Mamers,

fréquentes. Il est regrettable, hélas ! que l'ennemi nouveau, redoutable seulement pour le cultivateur, échappe trop facilement au carnage, par une fuite éperdue dans les sombres sapins, qui enlèvent au camp son cachet et bientôt achèveront d'en masquer l'aspect.

la force armée se transporta immédiatement sur la grande route de Mamers à la forêt de Perseigne, par Aillières.

» Les Chouans occupaient le château d'Aillières et les Buttes de la Nue, sur lesquelles flottait le drapeau blanc ; de là ils observaient les mouvements des troupes républicaines sorties de Mamers sur deux colonnes, l'une marchant sur le moulin à vent, et l'autre vers le chemin d'Aillières à Villaines pour couper la retraite aux Chouans. Ceux-ci s'avancèrent dans la vallée au-dessous d'Aillières et attaquèrent l'avant-garde commandée par le brigadier de gendarmerie Robin et par Maisonnier, commandant la colonne mobile. Une vive fusillade eut lieu de part et d'autre ; il y eut des blessés des deux côtés ; puis les deux corps ennemis battirent en retraite, les Chouans vers Neufchâtel, en longeant la forêt de Perseigne, puis vers Ancinnes, et les troupes républicaines vers Mamers où elles ramenèrent deux soldats blessés, appartenant à la colonne mobile, Jacques Fleur fils, et Beszard le jeune. »

La Ville et le District de Mamers durant la Révolution, t. II, p. 152.

Mamers. — Imprimerie Fleury. — 1911.

OUVRAGES DU MÊME AUTEUR

Monographie de la commune de Saint-Cosme-de-Vair, au Maine et au Perche. Mayet, P. Guillois, 1897, un vol. in-8°, 261 pages.

La Paroisse de Contres-en-Vairais. Mamers, G. Fleury et A. Dangin, 1898, 24 pages in-8°.

Le Prieuré de Guémansais. Laval, A. Goupil, 1899, 12 pages in-8°.

La Paroisse de Pouvrai et la Famille de Tascher, Mamers, G. Fleury et A. Dangin, 1899, 14 pages in-8°.

La Confrérie de Sainte-Anne, a Moncé-en-Saosnois, au xviiie siècle. Mamers, G. Fleury et A. Dangin, 1900, 30 pages in-8°.

Moncé-en-Saosnois. Laval, A. Goupil, 1901, 33 pages in-8°.

Le Testament de Me Jean Guichard et la fondation du Lavement des pieds, a Requeil. Le Mans, A. Bienaimé-Leguicheux, 1901, 15 pages in-8°.

Contribution a l'histoire de Nauvay. Laval, A. Goupil, 1904, 11 pages in-8°.

Champaissant religieux et féodal. Mamers, G. Fleury, 1906, 49 pages in-8°.

Monographie de Crannes-en-Champagne (*sous presse*).

MAMERS. — IMPRIMERIE FLEURY. — 1911.

www.ingramcontent.com/pod-product-compliance
Lightning Source LLC
LaVergne TN
LVHW020352230826
846091LV00003B/1083

9782013444927